本书系湖北省教育科学规划2017年度重大招标课题“湖北省高职教育办学质量评价体系研究”（2017ZDZB12）主要成果之一

新时代“人民满意”高职教育的理论、评价与实践

李永健　王　宇　主编

華中師範大學出版社

新出图证(鄂)字 10 号

图书在版编目(CIP)数据

新时代"人民满意"高职教育的理论、评价与实践/李永健,王宇主编.
—武汉:华中师范大学出版社,2020.9
ISBN 978-7-5622-9111-4

Ⅰ.①新… Ⅱ.①李… ②王… Ⅲ.①高等职业教育—教育研究—中国
Ⅳ.①G718.5

中国版本图书馆 CIP 数据核字(2020)第 162522 号

新时代"人民满意"高职教育的理论、评价与实践

责任编辑: 许亚云　鲁　丽　　**责任校对:** 肖　阳　　**封面设计:** 罗明波

编辑室: 高职教材编辑室　　**电话:** 027-67867364

出版发行: 华中师范大学出版社有限责任公司

社址: 湖北省武汉市洪山区珞喻路 152 号　　**邮编:** 430079

电话: 027-67861549(发行部)　　**传真:** 027-67863291

网址: http://press.ccnu.edu.cn　　**电子邮箱:** press@mail.ccnu.edu.cn

印刷: 武汉邮科印务有限公司　　**督印:** 刘　敏

开本: 710mm×1000mm　1/16　　**印张:** 11.5

字数: 210 千字

版次: 2020 年 11 月第 1 版　　**印次:** 2020 年 11 月第 1 次印刷

定价: 35.00 元

欢迎上网查询、购书

序言

大学的教育质量和大学评价问题是近年来我国高等教育学术争论的热点之一，办学质量(教育)评价已成为提高大学办学质量和提升自身竞争力的重要举措，而评价结果更是直接关乎其发展。

高职教育作为一种特殊的教育类型，兼具高等教育和职业教育特征，其人才培养模式有别于普通本科教育。高职教育以服务地方经济建设和区域社会发展为宗旨，以就业为导向，以培养数以千万计高素质技术技能应用型人才为根本任务，既具有行业性和区域性，直接为地方经济和行业发展服务；又具有职业技能性，直接为人的就业服务；还具有市场适应性，与劳动力市场联系密切。由此可见，高职教育最为本质的属性是社会性，意味着高职教育是一种社会需求的约束型教育，它以社会需求为发展的根本动力，其发展规模、结构和速度乃至人才的知识能力结构都必须符合社会经济发展的需要，社会经济发展过程中的波动和经济结构的调整也必然引发高职教育的涨落和变革；意味着高职教育必须扎根于区域经济和行业企业，其课程设置、专业建设、教学评价等都离不开行业的支持和企业的参与。

截至2019年6月，全国高职院校共计1423所，高职院校的办学规模迅速扩张给高职院校的质量保障和监督工作提出了新的挑战，如何通过构建高职院校办学质量评价体系来保障高职院校的长远发展，也逐渐受到高等职业教育管理者和研究者们越来越多的关注。

目前，我国对于高职教育办学质量的评价大多由政府部门主导，并定期对各院校的人才培养工作进行评价。虽然这种形式的评价有助于促进高职院校的内涵建设、教学改革以及人才培养质量的提升等，但政府的评价过于注重高职教育的“资格性”和“遴选性”，缺乏对高职院校自身特殊性发展的关注，这会抑制高职院校结合自身专业优势与区域特点的特色化发展趋势。同时值得注意的是，依据标准化原理，评价标准制定的主体更多应由评价的参与者或执行者拟定，单一的由政府设置最低质量标准进行评价不仅会导致评价的结果缺乏客观性、公正性和准确性，长远来看还会阻碍我国高职教育的发展及教育质量的提高。

“人民满意”是高职教育办学的核心精髓和终极归宿。将“人民满意”作为检验、评价高职教育办学质量的客观标准和价值尺度，通过“知行合一”的理念，应建立行之有效的评价范式，进而达到巩固和强化院校特色与优势、提高人才培养质量的目的。针对既往高职教育评价存在的不足之处，我们基于人民内涵的诠释和利益相关者理论，遵循以“人民满意”为统摄全局的逻辑红线，引入第三方评价范式，从政府认可度、社会认可度、教师满意度、学生满意度四个方面构建“人民满意”的高职教育办学质量评价指标体系。2017 年，我们有幸主持湖北省教育科学规划 2017 年度重大招标课题“湖北省高职教育办学质量评价体系研究”(2017ZDZB12)，即以“人民满意”为题，以湖北省 58 所高职院校为案例对象，完成独属于高职教育办学质量评价理论与实践的系统性研究，本书系该项目主要成果之一。

高职教育的质量保障和长远发展离不开合理的评价体系，虽然当前的高职教育办学质量评价体系不够完善，但是随着高职教育的发展进程不断推进，多元、公正、客观的评价体系已成为一种趋势，进而可有效实现对高职院校办学质量客观、公正、准确的评价，提高高职院校的办学水平和人才培养质量，为社会输送高素质技术技能应用型人才和提供一流的社会服务，推动高职教育的可持续发展。

谨以此书奉献给各位关注高职教育的读者。

李永健

2020 年 5 月于长江职业学院武汉科技新城校区秀海湖畔

目 录

导 论

一、现有高职教育办学质量评价体系面临的挑战

质量是每个高职院校生存与发展的基础和生命线。我国高职院校的办学时间普遍不长，仅有几十年的办学历史，但发展迅速。从具体数字来看，1998年我国有高职高专院校432所，当年招生43万人；然而到了2018年，我国高职院校达到了1336所①，其中，276所高职院校在校生人数超过1万人，10所高职院校在校生人数超过2万人，而人数最多的竟然接近7万人②。对此，教育部高度重视，在世纪之交就曾组织一批专家进行专题研讨，历经数年，制定高等职业院校人才培养工作评估的指标体系，并于2003年在全国选择26所学校进行评估试点。自此，教育部拉开了对高等职业院校办学水平进行评估的序幕。

（一）第一阶段：高职高专院校人才培养工作水平评估（20世纪80年代初—2008年）

高职院校于20世纪80年代初诞生，一直到20世纪末，在这近二十年的时间里发展变化并不显著。但进入21世纪以后，我国高职教育发展加速。2003年全国高职院校仅为208所，而2004年的高职院校数极速增长至1044所③。面对这种新的变化，教育部决定从2003年开始，拉开高职院校办学水平与人才培养评估的大幕，决定实施五年一轮的高职教学评估制度，通过一些政策和措施来规范院校办学，保障高职院校办学水平和人才培养质量。

2004年，教育部颁布了《关于全面开展高职高专院校人才培养工作水平评估的通知》（教高厅〔2004〕16号）和《高职高专院校人才培养工作水平评估方案（试行）》，要求各地正式启动五年一轮的本地区高职高专院校评估工作。评估目的是规范办学，评估方针是以评促建、以评促改、以评促管、评建结合、重在

---

① 据教育部公告，截至2019年6月15日，全国高职高专院校共计1423所，其中公办高职高专院校1098所，民办高职高专院校322所，中外合作办学高职高专院校3所。

② 数据来源：上海市教育科学研究院和麦可思研究院共同编制，于2018年7月15日在京发布的《2018中国高等职业教育质量年度报告》。

③ 王永林，王战军. 高等职业教育评估的价值取向研究：基于评估方案的文本分析[J]. 教育研究，2014，35(2)：104-111.

建设。

从2003年至2007年底，教育部共发布了三个关于高职院校办学水平与人才培养评估的主要文件、两个评估方案，以及其他的若干文件，如表1所示。

表1 第一阶段评估主要政策文件和方案

时间	来源	政策	核心表述	配套文件或附件
2003年	教育部	《关于开展高职高专院校人才培养工作水平评估试点工作的通知》(教高司函〔2003〕16号)	选择26所高职院校开展评估试点工作。	《高职高专院校人才培养工作水平评估方案(试行)》
2004年	教育部	《关于全面开展高职高专院校人才培养工作水平评估的通知》(教高厅〔2004〕16号)	水平评估正式启动，适时组织开展示范性高职院校的评估工作。	《高职高专院校人才培养工作水平评估方案(试行)》、《高职高专院校人才培养工作水平评估工作指南(试行)》、《高职高专院校人才培养工作水平评估专家组工作细则(试行)》
2005年	教育部	《关于进一步推进高职高专院校人才培养工作水平评估的若干意见》(教高〔2005〕4号)	高职高专院校人才培养工作水平评估工作是构建高等教育质量保障体系的重要内容，在评估范围、评估标准、评估专家队伍等若干方面提出了具体的要求，例如，规定“优秀”院校的比例一般控制在20%～30%。	
2006年	教育部、财政部	《关于实施国家示范性高等职业院校建设计划加快高等职业教育改革与发展的意见》(教高〔2006〕14号)	支持100所高水平示范院校建设，加大对示范院校的支持力度，包括生均经费标准等方面。	

续表

时间	来源	政策	核心表述	配套文件或附件
2006 年	教育部	《关于全面提高高等职业教育教学质量的若干意见》(教高〔2006〕16 号)	强化质量意识,逐步完善以学校为核心、教育行政部门引导、社会参与的教学质量保障体系。各地教育行政部门要完善五年一轮的高等职业院校人才培养工作水平评估体系。	

(二)第二阶段:高等职业院校人才培养工作评估(2008—2015 年)

2006 年,教育部颁布的《关于全面提高高等职业教育教学质量的若干意见》(教高〔2006〕16 号),该文件指出要大力推行工学结合,突出实践能力的培养,加强对人才培养过程的监控,吸收企业用人单位参与到教学质量评价中来。2008 年 1 月,教育部颁布了《高等职业院校人才培养工作评估方案(草案)》并在 56 所高校试点;同年 4 月,正式颁布了新一轮《高等职业院校人才培养工作评估方案》(教高〔2008〕5 号),并发布了《高等职业院校人才培养工作状态数据采集平台》,要求由学校相关负责人以学校日常教学工作原始状态为基本数据,对学校的发展状况进行数据采集和分析,并定期向公众公布。本轮评估是以发展性评估为目的,引导学校注重内涵发展,在评估目的、评估主体、评估结论、逻辑体系等方面都有了新变化,更加凸显了高职教育的特征。

在"水平评估"实践中,各高职院校均以评估为契机,对照评估标准规范办学行为和人才培养工作,对高职院校的教育教学建设和改革工作起到了一定的推进作用,但是也存在一些明显弊端,诸如重结论争"优秀",轻建设;重外延轻内涵,过于关注办学基本条件;为达到量化指标的要求,个别院校编造数据等。针对存在的这些问题以及新的职教发展趋势、国家新的人才需求,从 2008 年到 2015 年,在这一时期,发布的关于高职院校办学水平与人才培养评估重要的政策性文件包括:教育部发布的三个文件、国务院发布的两个文件,以及其他相关文件,如表 2 所示。

值得关注的是,这两轮教育评估均以政府为主导,存在不同方面的缺陷,主要反映在评估方案、评估实践和体制三个方面:一是不能很好地适应高职教育的特点与规律;二是评估方案分类指导性不够;三是评估主体单一,评估的组织主体是教育行政管理部门,其他利益相关者的参与程度偏弱或缺位,如缺少社会、行业、企业的参与。

表2　第二阶段评估主要政策文件和方案

时间	来源	政策	核心表述	配套文件或附件
2008年	教育部	《关于印发〈高等职业院校人才培养工作评估方案〉的通知》(教高〔2008〕5号)	教育行政部门对高等职业院校是宏观管理，高职院校是保障和提高人才培养质量的权利和责任的主体；高职院校要将工作重心放到内涵建设上来，并且成为学校的自觉行动。	《高等职业院校人才培养工作评估方案》
2010年	国家中长期教育改革和发展规划纲要工作小组办公室	《国家中长期人才发展规划纲要(2010—2020年)》	建立社会参与的人才培养质量评价机制，完善发展职业教育的保障机制，改革职业教育模式。	
2011年	教育部	《关于推进高等职业教育改革创新引领职业教育科学发展的若干意见》(教职成〔2011〕12号)	建立和完善学校、行业、企业、研究机构和其他社会组织共同参与的质量评价机制。	
2014年	国务院	《关于加快发展现代职业教育的决定》(国发〔2014〕19号)	鼓励社会力量参与职业教育办学、管理和评价。	

(三)第三阶段：教学诊改与适应社会需求能力评估(2015年至今)

2015年5月，教育部出台《关于深入推进教育管办评分离　促进政府职能转变的若干意见》(教政法〔2015〕5号)，推进教育管办评分离，构建政府、学校、社会之间的新型关系。从2015年开始，高职院校办学水平与人才培养评估工作进入第三阶段，该阶段根据评估目标的差异又可划分为两个主题。

1. 建立教学诊改制度，建设内部质量保障体系(2015—2016年)

《关于深入推进教育管办评分离　促进政府职能转变的若干意见》(教政法〔2015〕5号)出台后，2015年6月，教育部办公厅出台了《关于建立职业院校教学工作诊断与改进制度的通知》(教职成厅〔2015〕2号)，提出建立“教学工作诊断与改进”制度，重点是建立和完善职业院校内部质量保障体系，并将各职业院校看作人才培养质量保证的主体。同年10月，教育部印发《高等职业教育创新发展行动计划(2015—2018年)》,将完善质量保障机制作为一项重要内容,主要包括提高经费保障水平、完善院校治理结构、完善质量年报制度、建立诊断改进机制、改进高职教师管理、加强相关理论研究等六个方面。同年年底,教育部印发《高等职业院校内部质量保证体系诊断与改进指导方案(试行)》(教职成司函〔2015〕168号),组建全国职业院校教学工作诊断与改进专家委员会(以下简称全国诊改专委会),并开展为期三年的诊改试点工作。方案提出要以《国务院关于加快发展现代职业教育的决定》精神为指导,以完善质量标准和制度、提高利益相关方对人才培养工作的满意度为目标,坚持"需求导向、自我保证、多元诊断、重在改进"的工作方针,构建网络化、全覆盖、具有较强预警功能和激励作用的内部质量保证体系。

职业院校教学诊断与改进制度是落实《关于深入推进教育管办评分离 促进政府职能转变的若干意见》(教政法〔2015〕5号)文件精神,改革高职院校治理结构,推行"管办评分离,三方共同保证"总体框架设计下的必然选择,制度明确了管、办、评各方保证人才培养质量的责任范围:职业院校是办学方;教育主管部门是管理方,教学诊断与改进的监督者和复核者;学生家长、用人单位及其他社会组织作为利益相关者是第三方,通过结果来评价教学诊断与改进的工作效果。

该主题下的主要政策性文件具体如表3所示。2015年连续发布两个关于教学诊断与改进制度的相关文件,2016年的《关于印发〈高等职业院校内部质量保证体系诊断与改进指导方案(试行)〉启动相关工作的通知》是2015年两个文件的进一步细化与延伸。

2015年连续四个文件的出台,标志着教育治理进入包括职业教育的高等教育领域,开启了由"管理"向"治理"的嬗变,这必将对高等职业教育评估工作产生重大影响。因此,我们在通过认真梳理、分析研究高职院校办学水平与人才培养评估的基础上,对基于高职教育公共治理背景下的高职院校办学水平与人才培养评价政策措施、评价政策工具、平台有效性进行分析研究,将有助于进一步完善高等职业教育评估体系,同时加强其理论建设,对今后的评估工作也起到了一定的借鉴作用。

表3 第三阶段评估主要政策文件

时间	来源	政策	核心表述	配套文件
2015年	教育部	《关于建立职业院校教学工作诊断与改进制度的通知》(教职成厅〔2015〕2号)	建立"教学工作诊断与改进"制度,明确人才培养质量保证的主体是各高职院校。	职业院校教学工作诊断与改进指导方案和专家委员会组建

续表

时间	来源	政策	核心表述	配套文件
2015 年	教育部	《高等职业教育创新发展行动计划(2015—2018 年)》	重要内容之一是完善质量保障机制,措施是提高经费保障水平、完善院校治理结构、完善质量年报制度、建立诊断改进机制等六个方面。	
2015 年	教育部	《高等职业院校内部质量保证体系诊断与改进指导方案(试行)》(教职成司函〔2015〕168 号)	构建网络化、全覆盖、具有较强预警功能和激励作用的内部质量保证体系;组建全国职业院校教学工作诊断与改进专家委员会(简称全国诊改专委会),并开展为期三年的诊改试点工作。	
2016 年	教育部	《关于印发〈高等职业院校内部质量保证体系诊断与改进指导方案(试行)〉启动相关工作的通知》		《高等职业院校内部质量保证体系诊断与改进指导方案(试行)》

2. 高等职业院校适应社会需求能力评估(2016 年至今)

2014 年,《国务院关于加快发展现代职业教育的决定》(国发〔2014〕19 号)文件出台,这是切实贯彻落实《国家中长期教育改革和发展规划纲要(2010—2020 年)》的重要举措,明确把建设现代职业教育体系作为主攻方向,具有诸多突破性的亮点,其中之一就是明确提出强化督导评估。随后,国务院教育督导委员会办公室依据《教育督导条例》,研究制定了《高等职业院校适应社会需求能力评估暂行办法》(国教督办〔2016〕3 号)(以下简称《暂行办法》),《暂行办法》要求自 2016 年起,在全国范围内开展高等职业院校适应社会需求能力评估。

在《暂行办法》文件中,要求高等职业院校在学校门户网站公布自评报告,向社会展示学校办学基本情况和专业发展优势,向社会发布国家评估报告和省级评估报告,接受社会监督,引导社会转变观念,关心支持职业教育发展。此外,该文件还对评估目的、评估原则与范围、评估内容等予以明确规定。

总体来看，高职院校办学水平与人才培养评估工作中，三个阶段运用的政策工具在种类上和数量上都呈不断增加的趋势，政策工具由单一走向多元，具体分析包括以下三个特征：

一是自愿性政策工具逐步受到重视。除第一阶段没有运用，在第二阶段和第三阶段均有使用，而且发挥的作用越来越重要，预计今后家庭、社区、自愿性组织、市场等第三方组织或个人会越来越多地参与到高职院校办学水平与人才培养评估工作中来，因此，今后应进一步重视自愿性政策工具的应用，拓宽其使用的空间。

二是强制性政策工具逐步被取代。在第一阶段和第二阶段运用较多，主要使用了体系建设、设定和调整标准、检查检验、监督、处罚等政策工具，第三阶段发挥的作用显著减弱，预计今后对强制性政策工具的运用将进一步减少。

三是混合型政策工具相对稳定。三个阶段都采用了信息与倡导、诱因型工具，但在工具的选择方面有明显变化，如权力下放在第一阶段没有使用，而在第二阶段、第三阶段运用较为广泛，且作用显著增加。预计混合型政策工具仍将被广泛应用，发挥重要作用。

二、办好"人民满意"高职教育的背景及新时代意义

"人民满意"是高职教育办学的核心精髓和终极归宿。应将"人民满意"作为检验、评价高职教育办学实践质量的客观标准和价值尺度，通过建立行之有效的评价范式，进而达到巩固和强化院校特色与优势、提高人才培养质量的目的。那么，办好"人民满意"高职教育是在何种背景下提出的，又具备哪些新时代意义呢？

（一）全面落实党中央新时代的战略要求

党的十九大开启新时代的新征程。习近平总书记在党的十九大报告中提出，"优先发展教育事业。建设教育强国是中华民族伟大复兴的基础工程，必须把教育事业放在优先位置，深化教育改革，加快教育现代化，办好人民满意的教育"，并强调"完善职业教育和培训体系，深化产教融合、校企合作"①。习近平同志站在时代发展前沿和国家战略高度就教育工作发表的讲话，把党的十八大报告提出的"努力办好让人民满意的教育"提高到"办好人民满意的教育"的新

① 习近平. 决胜全面建成小康社会夺取新时代中国特色社会主义伟大胜利——在中国共产党第十九次全国代表大会上的报告（2017 年 10 月 18 日）[M]. 北京：人民出版社，2018.

目标，是党中央新时代治国理政新战略在教育领域的集中体现，为办好人民满意的教育提供了根本遵循。以人民为中心依然是习近平新时代中国特色社会主义思想强调的核心概念。党的十九大报告精神以及习近平同志关于职业教育的诸多论述，特别是2014年对加快发展现代职业教育作出的重要批示①，成为现代职业教育发展理念的指导纲领。

高职教育作为高等教育的重要类型，在职业教育体系中属于高层次，肩负着引领现代职业教育发展的使命与担当。因此，高职教育要积极服务于新时代国家发展的整体战略目标，坚持以人民为中心，办人民满意的教育，才是国家和人民的福祉。毫无疑问，办好人民满意的高职教育，就应将人民满意作为检验高职教育办学质量的最高标准和价值导向，这是落实党中央始终把人民满意放在最高位置的体现②。

（二）切实满足新时代高职教育发展需要

新时代，高等教育的主要矛盾已逐步转变为人民群众对高质量教育的需求与高等教育发展不平衡、不充分之间的矛盾③。反映在职业教育领域，则为人民群众对优质职业教育的需要同职业教育发展不平衡、不充分之间的矛盾。我国高等职业教育有着曲折的发展历程，但发展速度和成绩有目共睹，作为高等教育的重要组成部分，肩负着传承技术技能、培养“大国工匠”的重要职责，对推动经济社会发展作出了重大贡献。但同时也要看到，当前高等职业教育体系还不能完全适应经济社会发展的需要，存在结构不合理，办学条件薄弱，体制机制不畅，质量有待提高等问题，必须得到切实重视和努力改进。

因此，立足新时代，我国高等职业教育应该全面贯彻落实党的十九大精神，坚持以习近平新时代中国特色社会主义思想为指导，坚持以人民为中心，坚持新发展理念，认真落实党中央、国务院关于教育综合改革的战略部署，深化内涵式发展，提升办学质量，解决主要矛盾。一言以蔽之，高等职业教育的发展定位应该体现新时代具有中国特色的现代职业教育的功能和价值。办好人民满意的高职教育，应当不断提升高职办学质量，培养社会主义事业合格建设者和可靠接班人。

---

① 倪光辉. 习近平就加快发展职业教育作出重要指示[N]. 人民日报，2014-06-24(1).

② 李永健，李梦玲，黄东显. “人民满意”的高职教育办学质量评价体系诠释与构建[J]. 中国职业技术教育，2018(13)：77-83.

③ 陈杰，刘含萌，徐吉洪. 新时代我国大学高质量内涵式发展的若干思考[J]. 浙江工业大学学报(社会科学版)，2018，17(4)：372-378.

(三)全面契合新时代社会发展需求

当今世界,综合国力竞争异常激烈,国际产业格局正在重塑。我国经济正处在转变发展方式、优化经济结构、转换增长动力的转型攻关期,政府出台了《中国制造 2025》①、"一带一路"(The Belt and Road)②倡议、"互联网+"③和人工智能等一系列发展战略,地方产业也进行了相应的产业升级调整、承接产业转移等部署。作为与社会联系最紧密的高职教育,应准确把握定位和发展方向,自觉承担服务经济发展方式转变和现代产业体系建设的时代责任,培养适应区域经济社会需要的发展型、复合型、创新型的技术技能人才。但是,受体制机制等多种因素的影响,人才培养供给侧和产业需求侧在结构、质量、水平上还不能完全适应,"两张皮"的问题仍然存在,导致人才教育供给与产业需求存在结构性矛盾④。2016 年 3 月,国务院出台了《高等职业院校适应社会需求能力评估暂行办法》,提出要用新方式对高等职业院校适应社会需求能力进行评估,并将此作为提升职业院校办学质量的重要手段,进而更好地服务地方经济社会发展需要。

(四)科学满足新时代社会对人才的高素质渴求

"人民满意"的教育应该是"让每个学生都能成为有用之才"的教育。黄炎培先生认为"职业教育是平民化的教育,是服务社会的教育,是为解决平民生计而产生出来的"。虽然高职教育不应该被理解为弱势群体的教育,但对于崇尚精英教育的普通高等教育,它更能关注到普通民众的需求,为他们提供必要的生存之道,是实现教育公平、构建和谐社会的重要基石。努力办好人民满意的高职教育,激发每一个学生积极向上的生命意识,发掘每一个学生的优势和潜能,人人皆可成才,是中国职业教育梦的核心。因此,高职教育的人才培养定位要围绕国家战略发展规划和战略布局,以人民满意作为评价目标,促进院校提

---

① 《中国制造 2025》是经国务院总理李克强签批,由国务院于 2015 年 5 月印发的部署全面推进实施制造强国的战略文件,是我国实施制造强国战略第一个十年的行动纲领。

② 2013 年 9 月和 10 月由国家主席习近平分别提出建设"新丝绸之路经济带"和"21 世纪海上丝绸之路"的合作倡议。依靠中国与有关国家既有的双多边机制,借助既有的、行之有效的区域合作平台,"一带一路"旨在借用古代丝绸之路的历史符号,高举和平发展的旗帜,积极发展与沿线国家的经济合作伙伴关系,共同打造政治互信、经济融合、文化包容的利益共同体、命运共同体和责任共同体。

③ "互联网+"是指创新 2.0 下的互联网发展的新业态,也是知识社会创新 2.0 推动下的互联网形态演进及其催生的经济社会发展新形态。

④ 国务院办公厅. 关于深化产教融合的若干意见(国办发〔2017〕95 号)[EB/OL]. (2017-12-19)[2019-02-03]. http://www.gov.cn/zhengce/content/2017-12/19/content_5248564.htm.

升办学条件、深化产教融合、创新培养模式，把每一个学生培养成社会需要的具有专业技能与工匠精神的高素质应用型人才，为现代职教孕育大国工匠筑底发力，实现"努力让每个人都有人生出彩的机会"①。

三、构建"人民满意"高职教育办学质量评价体系的意义、依据与原则

（一）构建"人民满意"高职教育办学质量评价指标体系的意义

1. 为办好人民满意的中国特色高等职业教育贡献"评价方案"

建设中国特色的高等职业教育是我国经济结构战略性调整的关键支撑，也是构建符合本国国情现代职业教育体系的历史性选择，更是努力办好人民满意的高等职业教育的必由之路。顺应新时代新要求，办好人民满意的中国特色高等职业教育就要建立一个与之相适应的可观测、可操作、可量化，并且有助于推动办学模式和培养模式转型的评价指标体系。借此，构建"人民满意"的高职教育办学质量评价指标体系，是将党的十九大提出的"办好人民满意的教育"思想观付诸实践的具体化措施，是围绕人民群众关切的教育问题，对高职院校的办学质量作出的公正评价与鉴定。如是否落实立德树人，因为这是办好人民满意高职教育的根本要求；是否深化产教融合、校企合作，因为这是办好人民满意高职教育的必然选择；是否实现需求侧和供给侧动态平衡，因为这是办好人民满意高职教育的终极目标；等等。

因此，从高职教育的本质出发，将高职教育服务区域经济发展的社会能力纳入评价范畴，构建具有社会多元参与、服务人民为宗旨的评价指标体系，倒逼高职院校增强服务新时代经济社会发展的本领，促进教育链、人才链、产业链和创新链有机衔接，为中国制造强国提供更高质量的技术人才和智力支撑，从而增强我国经济创新力和竞争力，也是满足新时代人民群众对办好满意的职业教育的期盼。

质量是办学的生命与灵魂，质量问题说到底是一个评价问题。因此，办好人民满意的高职教育就要建立与之相匹配的人民满意的办学质量评价指标体系来引领和助推高职院校办学水平，这既是顺应党中央新时代的职业教育战略规划，也是实现办人民满意教育的重要措施和有效途径。

总之，构建"人民满意"高职教育办学质量评价指标体系能够为办好人民满

---

① 习近平总书记在2014年6月全国职业教育工作会议就加快发展职业教育作出的重要指示。

意的中国特色高等职业教育贡献“评价方案”，对提升院校办学质量，加快职业教育体系建设提供科学决策的依据，能推动党的教育方针和十九大部署落地生根。

2. 推动新时代高职教育的良性发展

办学质量是高职院校的生命线。办好人民满意的高职教育，构建与之相匹配的评价指标体系，不仅是为了诊断和评价办学质量，更重要的是帮助院校管理者找到实际办学和评价指标之间的差距，分析结果、查找归因、寻求对策。通过评价手段促进高职院校进一步强化其自身学科定位、明确办学方向、转变教育思路、增强服务意识、提高育人质量，对服务区域发展作出应有贡献。高职教育唯有建立“以质量和特色取胜”的发展观，勤修内功，不断提升自身吸引力、竞争力和影响力，加之外部政策环境的推动，才能树立高职教育应有的社会地位，破除“备胎”偏见。社会对高职教育的认可势必会提供更多的优质生源，接纳更多的毕业生，反推高职院校人才培养水平的提高，二者互为因果，互相促进，必然会推动我国高职教育的良性发展。此外，建立一个客观、公正的评价指标体系，对高职教育资源的质量程度进行甄别评定，在信息对称的基础上，通过科学的评价分辨出办学质量的优劣供人民群众自由选择，既可以避免院校之间的不良竞争，也是让人民享受公平教育的最好诠释。

因此，构建一个具有中国特色的职业教育办学质量评价指标体系成为职业教育发展的重要推手。“人民满意”是检验高职教育办学质量的试金石，借此，构建“人民满意”的高职教育办学质量评价指标体系，旨在为提升高职办学质量，办好人民满意的高职教育，培养社会主义事业合格建设者和可靠接班人提供依据和指南。

（二）设计“人民满意”评价指标体系的政策、理论和实践依据

1. 深化管办评分离改革

2015 年，教育部出台了《关于深入推进教育管办评分离　促进政府职能转变的若干意见》（教政法〔2015〕5 号），明确提出“建立健全政府、学校、专业机构和社会组织等多元参与的教育评价体系”，明晰了政府管教育、学校办教育、社会评教育的权责关系。管是基础，办是核心，评是导向，三者有分有合。为消除传统的集办学、管理、评价于一体的弊端，本着高职教育办学质量评价社会化的理性回归，我们将引入第三方评价机制，建立高职人才培养与使用的各个利益相关者多元主体参与的共治型评价体系，充分尊重人民群众的意愿。

一是政府评价。依托政府主导的高等职业院校人才培养工作评估，形成经教育行政部门批准的评价结论。

二是学校自我评价。依托学校教学诊断与改进工作和高等职业教育质量年度报告，学校自主诊断、自我评价，逐步实现管与评的分离。

三是第三方评价。依托具有独立法人地位的教育评估机构实施评价。成员由管理部门和研究机构专家、行业企业代表、家长、校友和媒体等组成。突出行业企业评价的主导地位，弥补传统的教育系统内部评价的局限，促进管办评分离，推动高职由“政府的职业教育”向“社会的职业教育”转变。

2. 柏林原则①

柏林原则的全称是“高等教育机构排名的柏林原则”，它是由大学排名国际专家组（International Ranking Expert Group，IREG）于2006年在柏林会议上通过的一系列高等教育排名的质量标准和操作范例，为各国、地区和全球性排名的制作和发布提供了基本框架，共16项准则。其中关于评价指标的设计提出的两项准则值得注意，一是指标的选择应基于指标的恰当性和有效性；二是尽可能选择产出而非投入的指标来评价，投入指标可以反映出一所学校的一般情况，产出指标则更能提供高等教育机构或专业的声望和质量更为精确的评价。遵循此准则，高职教育评价指标的选择应以成果产出和效益为导向，不应过多关注投入指标，学校人才培养应与职业世界直接对接。

3. 国内外高校评价体系的启示

国外历时最久也最具影响力的是《美国新闻与世界报道》（*U. S. News & World Report*，U. S. NEWS）、英国的《泰晤士报》（*The Times*，THES）和英国高等教育调查机构（Quacquarelli Symonds，QS）分别发布的高校评价体系，其评价结果具有较强的权威性和世界范围的知名度。国内影响力较大的是上海交通大学高教院研究中心、武汉大学中国科学评价研究中心（Research Center for Chinese Science Evaluation，RCCSE）、网大论坛、中国校友会网和武书连中国大学评价课题组分别发布的高校评价体系。目前，我国高职院校评价活动主要依托政府部门于2004年和2008年分别发布开展的高职院校人才培养工作评估，此外，一些学术机构和媒体也分别发布了“中国高职高专院校竞争力排行榜”。

分析国内外高校评价体系，从教育评价的哲学视角看，国外大学评价主要

① 为了规范大学排名机构的行为，联合国教科文组织、欧洲高等教育研究中心和华盛顿高等教育政策研究所，于2004年共同发起成立了大学排名国际专家组。2006年5月在柏林召开的第二次会议上，讨论通过了一系列高等教育排名的质量标准和操作范例，即柏林原则。该原则共有16项，从排名的目的、指标设计与权重、数据收集与处理和结果公布等4个方面进行了规定，以作为对高等教育机构进行排名需遵守的共同准则。

从认识论出发，注重“以人为本”，认为教育评价的终极价值在于促进人的全面发展，侧重于学生评价、教师评价、声誉评价等。例如，THES 评价体系在 2009 年的 8 项一级指标中有 7 项是和学生有关的，其中一级指标“学生满意度”的赋值是最高的。而国内大学评价更多从政治论出发，认为高等教育在多大程度上满足国家和社会的需要是进行外部评价的重要依据，重视对大学本身所具有的数据进行分析，强调对教育目标和成果的评价。我们认为教育评价的路径选择就是一个相互借鉴、不断完善的过程，基于认识论和政治论的价值取向各有千秋，博采众长才能科学地完善评价路径。

此外，国内外评价体系设计也具有一些共性。一是形成投入、产出、效益相结合的综合评价思想；二是高校评价体系逐渐从“面面俱到”的总量评价转向注重以关键指标评价高校特色；三是强调数据来源的真实性和公开性。

4. 中国高等职业教育质量年度报告

中国高等职业教育质量年度报告（以下简称年报）在教育部职成司的直接指导下，由全国高职高专校长联席会委托第三方研究机构调研编写。自 2012 年以来已连续发布六年，基本形成了高职质量报告的三级发布体系。

分析年报标准体系，政府责任、学生发展、学校工作、服务贡献是 2012—2016 年年报始终围绕的四个维度，2017 年年报在此基础上增加了国际合作、面临挑战两个维度。“工匠精神”、立德树人、供给侧改革、深化内涵建设、服务区域发展、“一带一路”、国际影响力等关键词在 2017 年年报语境中出现，表明新时代高职教育发展面临的新环境、新挑战。政府政策和专项、生均经费、国际合作、信息技术是 2013—2017 年年报持续关注的指标；就业质量和创业、服务地方产业是 2012—2017 年年报持续关注的指标；学生在校体验、校企合作是 2012—2015 年年报持续关注的指标；产教融合、技术服务与培训是 2014—2017 年年报持续关注的指标；2012 年、2015 年年报关注高职对贫困地区的服务贡献。

年报的发布为社会各界了解高等职业教育的人才培养状况提供了一份比较客观公正的资料，分析年报的指标体系旨在为建立科学有效的质量评价提供参照与依据。

（三）构建“人民满意”的评价指标体系的原则

1. 目的性原则

构建“人民满意”的评价指标体系，其目的在于通过对高职教育办学行为的价值判断，引导院校明确办学指导思想，反躬内省，不断完善自身质量保障体系，实现党和政府“办好人民满意的教育”的期盼。高职教育是面向人人的教育，办学质量的优劣，人民群众最有发言权。因此，在制定评价指标时，首先要坚持目的性原则，以人民群众最关心、最直接、最现实的教育问题作为评价导向，选择对人民满意起主要影响作用的指标，其他无关或关系不密切的指标无须纳入。

2. 独立性原则

评价指标体系整体目标的实现，是以各个具体指标是否达标为前提的。因此，在将整体目标分解为多项具体指标时，要贯彻独立性原则。即各项具体指标之间既要相互依存、相互联系以构成有机的整体目标体系，又要相互独立，互不干扰，避免交叉重叠影响评价活动的有效开展。因此，在指标体系的总体设计上，应在同一层级上不出现重复的分项目，不出现相互涵盖的具体指标，这样就会减少评价的重复性和遗漏性。否则，将影响评价的科学性，影响结果的可信度。

3. 特色性原则

特色性是构建一个评价指标体系的价值所在，反映评价的宗旨。建设中国特色的高等职业教育需要中国特色的评价指标体系支持，特色评价指标体系重在独树一帜，必须体现党和国家意志、人民意愿、社会需求和职业教育特色，在学习借鉴、兼容并蓄中始终坚持中国特色。"人民满意"的评价指标体系正是基于这个原则，坚持以中国制度、中国道路、中国理论、中国梦想和中国经验为中心，不仅"定标准"、"评结果"，更要"树导向"，引导高职教育重新审视教育的价值、本源和归宿问题。因此，评价指标体系的设计，在做到科学、客观、公正的同时，要凸显新时代高职教育发展规律，能真切地关注和回应人民群众的现实需要，最终达致学术评价与价值导向的完美交融。

4. 定量分析与定性描述结合原则

办学质量评价是一个复杂的系统工程，对其描述不可能全部采用定量指标，必然存在部分内容涉及人们的主观判断。定量有清晰的数据分析，比较客观、准确、易于比较，定性是对一些难以量化的指标进行文字描述，依靠的是主观判断和品质性评价，二者结合不仅能提高评价的客观真实性，而且能克服单纯依靠定量数据的片面性，从而使评价结果更科学，可信度更高。教育信息化发展和大数据时代的到来，为评价提供了更为广阔的空间，评价指标采取以定量分析为主，定性描述为辅的方式较为可行。

四、本书实际应用价值

依据国家对职业教育的发展规划，湖北职业教育（主要是高职教育）经历了三个阶段的办学水平与人才培养评估，包括：高职高专院校人才培养工作水平评估（1980—2008年）、高等职业院校人才培养工作评估（2008—2015年）、教学诊改与适应社会需求能力评估（2015年至今）。

然而，湖北职业教育与推进湖北高质量发展的需求之间始终存在差距，湖北省高职院校 2018 年国家职业教育教学成果获奖总数仅排全国第 12 位，在立项建设的 116 个国家职业教育专业教学资源库中，湖北省独立主持建设的也仅有 3 个，2017—2018 年湖北省高职院校入选国家“万人计划”的教学名师仅为 1 名，全国 126 支国家级专业教学团队中湖北省仅有 5 支。除了办学实力不足以外，湖北职业教育还存在着发展活力不足、体系结构不优、总体投入不足和不平衡等问题。

就本质而言，不能否定“以评促建、以评促改、以评促管”的战略价值和指导意义，我们认为，结合当前湖北省高职教育的实际，以“教育产出”为评价标准的“人民满意”的职业教育评价指标体系，能够有效地为促进湖北职业教育加快发展提供诊改定位和依据。

我们在已有“人民满意”的职业教育评价指标体系的基础上，运用大数据技术对湖北职业教育进行系统性评价，并根据不同维度的差异，对加快湖北职业教育发展提出了精准的政策建议和诊改方案。相比已有研究，具有以下几方面的应用价值。

（一）“人民满意”评价指标体系为加快湖北现代职业教育的发展提供标准

党的十八大和十九大先后从“努力办好人民满意的教育”明确为“办好人民满意的教育”。从“努力办好”到“办好”“人民满意的教育”，是新时代我国经济社会发展所体现出来的教育自信。“办好人民满意的教育”体现了党和政府试图重塑教育和社会关系新格局的教育发展指导思想，落实了以人民为中心的教育发展观，解决了教育系统中“人民日益增长的美好生活需要和不平衡不充分的发展之间的矛盾”。这是在社会转型过程中更好地践行为人民服务的宗旨和促进社会公平、化解社会矛盾、构建和谐社会的客观内在要求。“办好人民满意的教育”充分体现了党中央对教育事业的高度重视。如何将党中央的这一要求落到实处，真正办好人民满意的教育，是当前各级教育部门和各类学校需要认真思考和迫切解决的问题。职业院校要办好人民满意的教育，就应将人民满意作为检验教育质量的最高标准。质量问题说到底是一个评价问题。因此，办好人民满意的职业教育就要建立与之相匹配的“人民满意”的质量评价指标体系，以此来引领和助推湖北加快现代职业教育的发展。

（二）“人民满意”评价视角能够更有效地促进湖北现代职业教育的发展

《国家职业教育改革实施方案》相比以往的改革方案，无论是总体要求、总体目标的要点，还是具体指标、具体措施的要点，都更加侧重于对职业教育产出的要求与支持。如对产教融合型企业提出了激励机制："在开展国家产教融合建设试点基础上，建立产教融合型企业认证制度，对进入目录的产教融合型企业给予'金融+财政+土地+信用'的组合式激励，并按规定落实相关税收政策。试点企业兴办职业教育的投资符合条件的，可按投资额一定比例抵免该企业当年应缴教育费附加和地方教育附加。"因此，聚焦于产出的"人民满意"评价视角，能够更好地提高教育评价机制对湖北职业教育发展的渗透性，进而能够更加有效地促进湖北现代职业教育的发展。

（三）大数据技术能够全面、客观、精准地实现"以评促建"政策意图

根据教育部《高等职业院校内部质量保证体系诊断与改进指导方案》，高职院校应当采用大数据技术来监测高职教育的发展质量，同时用数据分析影响高职教育质量的相关因素，找寻对高职教育质量影响较大的关键因素，从而有助于构建科学有效的高职教育质量检测体系。

湖北职业教育（主要是高职教育）虽然经历了三个阶段的办学水平与人才培养质量评价，此外还包括如中国校友会网、武书连中国大学评价课题组等第三方评价，但评价始终是在抽样、试点、自评等环境下进行，无法全面、客观、精准地反映各个院校的真实情况，指标体系也存在很多局限性，如侧重于投入忽略产出等，其根源主要是"全面评价"难度极大。而随着大数据技术的应用与普及，全面评价已不再是难题，大数据技术驱动下的"人民满意"的评价指标体系能够全面、客观、精准地展示湖北职业教育的现状、差异和问题，并为促进湖北职业教育加快发展的政策制定提供精准依据。

（四）"人民满意"评价视角能够充分尊重湖北院校合理定位与特色发展

2014年，国务院印发了《关于加快发展现代职业教育的决定》（国发〔2014〕19号），在总体要求中提出了"产教融合、特色办学"，并指出要"同步规划职业教育与经济社会发展，协调推进人力资源开发与技术进步，推动教育教学改革与产业转型升级衔接配套，突出职业院校办学特色，强化校企协同育人"。需要明确的是，为使评价定位更加充分合理，在对湖北省内高职院校的定位评价过程中，高职院校既要与普通高等教育院校进行比较，发现存在的优势与劣势，也要在高职院校内部间进行比较，发现区域不同、产业有别的影响，进而推动高职院校的特色化发展。

当前，受经济发展的影响，湖北省内职业院校办学质量水平的差异较大，给

相关政策的“兼容性”和“覆盖性”带来挑战。教育部等五部门《关于深化高等教育领域简政放权放管结合优化服务改革的若干意见》中指出：“……引导高校合理定位，办出特色，防止‘同质化’……”这意味着在进一步深化高等教育内涵式发展的同时，强调并包容各院校依据自身资源禀赋和历史渊源，实现真正意义上的特色办学的政策引导。也就意味着，未来办学质量的评价，以传统注重“质量”的“绝对值”评价需要逐步转向包容院校特色的“满意度”的“相对值”评价。因此，“人民满意”评价视角能够在尊重差异和特色发展的前提下，在大数据技术的全面驱动下，精准描述湖北职业院校之间的差异以及客观的不足，进而为有效加快湖北职业教育的特色化发展提供科学、准确、公平的政策建议。

第一章 “人民满意”的高职教育办学质量评价指标体系

本章节拟就“人民满意”的高职教育评价指标体系展开研究。我们认为，高职院校所进行的教学、服务、研究等活动，都是基于综合平衡全社会各个与高职教育利益相关体的要求而进行的，从逻辑上来看，利益相关者理论相对符合本书的研究范畴。因此，我们基于利益相关者理论对“人民满意”高职教育的内涵进行解读，这也是本章节分析维度选择和指标设定的基础。

我们认为，“人民满意”中的“人民”可以具体化为政府、社会、学生和教师，这也基本符合党的十八大以来，政府工作报告中提出的基本目标和任务。围绕政府、社会、学生和教师，我们分别对分析维度进行了分析，并在分析维度（二级指标）的基础上设定了可观测指标（三级指标）。

第一节 基于利益相关者理论的“人民满意”的内涵

一、利益相关者理论

利益相关者理论（stakeholder theory）是 20 世纪 60 年代由斯坦福大学的研究院提出，该理论认为利益相关者就是对企业生存有密切影响的一些利益群体，这些群体包括消费者、员工、政府、社区、环境、媒体和银行等[①]。安索夫则是最早使用“利益相关者”一词的管理学家，他将利益相关者定义为：企业要想制定理想的目标，必须综合考虑企业的相关利益群体之间的冲突和索取权，他们可能包括工人、供应商、股东、顾客等[②]。纵观利益相关者理论发展史，许多学者和管理学家都对利益相关者进行了定义。米切尔和伍德曾对利益相关者

---

① 弗里曼.战略管理：利益相关者方法[M].王彦华，梁豪，译.上海：上海译文出版社，2006.

② 卡罗尔.企业与社会：伦理与利益相关者管理[M].黄煜平，等译.北京：机械工业出版社，2004.

的相关定义进行统计，发现了30余种不同的定义。因此，至今对利益相关者的定义仍然没有得到学术界的共识，“没有一个定义得到普遍的赞同”①。尽管这些定义多样化，但大抵都是从广义与狭义两个方面对利益相关者进行的定义。

（一）广义的利益相关者

广义的利益相关者是从“是否影响企业或受企业影响”的角度来定义利益相关者②。其中最具代表性的就是弗里曼（Freeman，1984）对利益相关者的定义。弗里曼对利益相关者的定义得到了学术界的普遍认可，其认为利益相关者是影响组织目标的实现或受到组织实现其目标的影响的人或群体，他认为利益相关者除了股东、客户、供应商、政府、社区、当地居民外，还包括非人类的自然环境资源③。他的定义是被后来学者引用最多的一种定义。广义的利益相关者概念为学者扩宽了利益相关者的内涵，给学者提供了一个全面的分析框架④。

（二）狭义的利益相关者

狭义的利益相关者的定义者认为其是通过对企业进行一定专业性投资而与企业形成一定关联的群体⑤，狭义的定义对企业产生最直接的影响的利益相关者进行了分析与考虑⑥。克拉克森（Clakson，1995）从狭义的角度对利益相关者进行了定义。他认为利益相关者是在企业中投入了一些实物资本、财务资本、人力资本或一些有价值的东西，并以此与企业形成了拥有索取权、所有权和利益要求的群体。利益相关者在此过程中会承担一些风险，承担风险的大小与投入资产的多少成正相关⑦。江若尘从狭义的角度对利益相关者进行考虑可使其与主流的资产专用性理论相匹配，由此使得利益相关者理论的基础更加深厚⑧。在中国，学者杨瑞龙、周业安（1998）同样使用的是狭义的利益相关者理

① MITCHELL R K, AGLE B R, WOOD D L. Toward a theory of stakeholder identification and salience: defining the principle of who and what really counts[J]. The academy of management review, 1997,22(4):853-886.

② DONALDSON T, DUNFEE T W. Integration social contracts theory: a communitarian conception of economic ethics[J]. Economic and philosophy, 1995,11(1):85-112.

③ FREEMAN R E. Strategic management: a stakeholder approach [M]. Boston, MA: Pitman,1984.

④ 陈宏辉.企业的利益相关者理论与实证研究[D].杭州：浙江大学，2003.

⑤ 付俊文，赵红.利益相关者理论综述[J].首都经济贸易大学学报，2006(2):16-21.

⑥ 陈宏辉.企业的利益相关者理论与实证研究[D].杭州：浙江大学，2003.

⑦ CLARKSON M E. A stakeholder framework for analyzing and evaluating corporate social performance[J]. Academy of management review, 1995, 20(1):92-118.

⑧ 江若尘.企业利益相关者问题的实证研究[J].中国工业经济，2006(10):67-74.

论，因为比较契合主流企业理论，从而摆脱了传统的思辨色彩，并以其具有学术性而受到关注①。

李维安、王世权（2007）在综述了相关文献后将利益相关者进行了狭义和广义的概括：狭义的利益相关者是指组织没有其支持就不能存在的群体或者个人，包括股东、员工、管理人员、顾客、债权人、供应商及消费者；广义的利益相关者是指任何能够影响组织目标的实现或受这种实现影响的群体或个人，包括股东、债权人、雇员、供应商、消费者、政府部门、相关的社会组织和社会团队、周边的社会成员等②。

（三）简评

在利益相关者的定义中，广义的定义虽然为企业提供了一个全面的分析框架，并且与企业的社会责任相吻合，但是可操作性差，难以为分析者提供一个具体的、统一的理论解释；狭义的定义虽然为分析者提供了一个更具有学术性及与主流的企业管理理念相契合的观点，但是又显得过于狭窄，在企业社会责任观念日益被重视的环境下，对实践的解释又显得不够充分③。因此，不论将利益相关者从广义进行定义，还是从狭义进行定义，都不能为分析者提供一个全面和统一的解释框架，应该从多个角度对其进行分析，加以分类研究。

二、利益相关者的分类

企业的发展需要关注利益相关者，“所有的利益相关者都可能十分重要，但没人说过他们是同等重要的”④。因此，应该从多个角度对利益相关者进行分类与考察，不同类别的利益相关者对企业的经营活动的影响不一样，受到企业经营活动的影响也不一样。自 20 世纪 80 年代末期，西方管理学者对利益相关者的分类研究投入了大量精力，取得了许多有意义的研究成果。这些研究虽然没有给利益相关者的分类带来统一的意见，但研究的指导思想却是统一的，均是从一个或多个具有不同特征的维度对利益相关者进行分类，找出不同利益相关者的差异，该指导思想可称之为“多维细分法”⑤。纵观这些“多维细分法”的

① 杨瑞龙，周业安．论利益相关者合作逻辑下的企业共同治理机制[J]．中国工业经济，1998(1)：38-45.

② 李维安，王世权．利益相关者治理理论研究脉络及其进展探析[J]．外国经济与管理，2007(4)：10-17.

③ 李金兵，韩玉启．企业利益相关者理论研究现状与前瞻[J]．技术经济与管理研究，2009(3)：57-59.

④ 姜文杰．集群制造企业对外部利益相关者的利益要求研究：基于浙江省长兴县的实证[J]．浙江树人大学学报，2007(4)：28-31；35.

⑤ 邓汉慧，张子刚．企业核心利益相关者共同治理模式[J]．科研管理，2006(1)：85-90.

研究，主要从定性分析和定量评分两个方面对利益相关者进行了分类。

(一)“定性分析法”的分类研究

定性分析法的分类主要是将利益相关者从一个或者多个角度切入分析，并对其进行概念性的思辨分析，进而将利益相关者进行分类。有许多学者都采用定性分析法对利益相关者进行分类：弗里曼(Freeman,1984)将利益相关者从所有权(ownership)、经济依赖性(economic dependence)和社会利益(social interest)三个维度进行划分①；格兰特(Grant,1991)根据威胁的潜力(potential for threat)和合作的潜力(potential for cooperation)两个维度将利益相关者分成四类：支持型利益相关者、边缘型利益相关者、混合型利益相关者、反对型利益相关者，同时，他还给出了如何辨别威胁与合作潜力，主要从关键资源的掌握程度、二者实力的对比程度、将会采取对策的细化程度及其盟友四个因素考虑②；查克汉姆(Charkham,1992)，从利益相关群体与企业是否产生交易性的合同关系角度，将利益相关者分为契约型利益相关者(contractual stakeholders)和公众型利益相关者(community stakeholders)③；克拉克森(Clakson,1995)给出了两种分类方法，一是根据利益群体程度的风险种类将利益相关者分为自愿利益相关者(voluntary stakeholders)和非自愿利益相关者(involuntary stakeholders)，二是根据利益群体与企业之间的亲密程度将利益相关者分为首要利益相关者(prime stakeholders)和次要利益相关者(second stakeholders)④。

在我国也有学者采用定性分析法对利益相关者进行分析，将利益相关者分为两级，第一级是与企业之间拥有正式的、官方的或契约关系，其他利益相关者则被归入第二级之中⑤，这种分法明显参考了克拉克森、查克汉姆、弗里曼的想法。陈宏辉、贾生华(2003)从主动性、重要性和需求的紧急性三个维度对利益相关者进行分类，其认为利益相关者应该分为三类：核心利益相关者(core stakeholders)、蛰伏利

---

① FREEMAN R E. Strategic management: a stakeholder approach [M]. Boston, MA: Pitman, 1984.

② ROBERT M G. Theory of compet adv-implications for strategy formulation[J]. California management review, 1991(1):114-135.

③ CHARKHAM J. Corporate governance: lessons from abroad [J]. European business journal, 1992(4):8-16.

④ CLARKSON M. A stakeholder framework for analyzing and evaluating corporate social performance[J]. Academy of management review, 1995,20(1):92-118.

⑤ 陈宏辉，贾生华. 企业利益相关者的利益协调与公司治理的平衡原理[J]. 中国工业经济，2005(8):114-121.

益相关者(dormant stakeholders)和边缘利益相关者(edge stakeholders)[①]。

(二)"定量评分法"的分类研究

定量评分法属于实证研究方法,基于实际数据从不同的维度对利益相关者进行评分,然后根据研究数据的高低分值对利益相关者进行分类。此种分析法超越了思辨的研究过程,使利益相关者的研究更加可信与可行[②]。

其中以米切尔和伍德(Mitchell & Wood,1997)提出的"定量评分法"最具有代表性。他们从利益相关者的合法性(legitimacy)、权力性(power)和紧急性(urgency)三个维度将利益相关者分成确定型利益相关者(definitive stakeholders)、预期型利益相关者(expectant stakeholders)和潜在型利益相关者(latent stakeholders),利益相关者类型由三个维度上所得分值的高低确定[③]。所谓合法性是指某一群体在向企业索取时是否得到法律、道义等方面的支持;权力性是指某一群体是否有权利影响企业的经营;紧急性是指这一群体的要求是否会及时得到企业的满足。他们根据利益相关者在这三个维度上的得分,将利益相关者分成了三类。确定型利益相关者是指那些同时在三个维度上都得到分值,即同时拥有合法性、权力性及紧急性,这一类利益相关者就像股东、员工及顾客一样,在企业经营管理中,为了良好的发展,企业管理层必须时刻关注他们的需求并尽量满足。预期型利益相关者是在三个维度中有两个维度被打分,即拥有三项维度中的两项。这一类又分为三种情况:第一种是拥有合法性和权力性的利益相关者,这一类群体就像政府部门、投资者一样,在希望得到企业关注的同时对企业的发展也具有一定的决策权;第二种是具有合法性和紧急性的利益相关者,这一类群体没有相应权利使企业满足他们的要求,他们经常采用结盟、政治活动等方式,通过呼吁企业注重良知等手段,带动其他更强有力的利益群体一起行动或者寄希望于管理者的善行,获得企业的关注,满足自己的需求;第三种是同时具有权力性和紧急性的利益相关者,这一类群体由于没有权利而经常采取暴力实现目的,对企业经营会造成危险。三项维度中只有一项得分的属于潜在型利益相关者,只拥有合法性的利益相关者会根据企业经营状况决定

---

① 陈宏辉,贾生华. 企业社会责任观的演进与发展:基于综合性社会契约的理解[J]. 中国工业经济,2003(12):85-92.

② 李维安,王世权. 利益相关者治理理论研究脉络及其进展探析[J]. 外国经济与管理,2007(4):10-17.

③ MITCHELL R K, AGLE B R, WOOD D J. Toward a theory of stakeholder identification and salience: defining the principle of who and what really counts[J]. The academy of management review, 1997,22(4):853-886.

是否发挥作用，只拥有权力性的利益相关者在其权利得到使用时才会得到企业的关注，只拥有紧急性的利益相关者虽然经常会给企业造成麻烦却很少得到积极地关注。米切尔和伍德指出，利益相关者的所属类别并不是一成不变的，不具有“固定的特性”，当其失去某个属性时就会从一个类别转化到另一个类别中①。

米切尔和伍德的研究极大地促进了利益相关者的实证研究，许多学者结合企业的实际情况利用他们的评分法对企业相关利益群体进行研究。我国学者根据米切尔和伍德的研究思路，对利益相关者的“定量的评分”的研究也作出了重要的贡献。陈宏辉和贾生华(2004)开了先河，他从主动性、重要性和紧急性三个维度，使用实际调查数据，对企业的利益相关者进行排序分类，将利益相关者分为核心利益相关者、蛰伏利益相关者及边缘利益相关者②。其研究发现股东、员工、管理人员等属于核心利益相关者，消费者、政府、供应商等属于蛰伏利益相关者，社区及特殊的利益群体属于边缘利益相关者。吴玲(2006)从企业的资源相关性理论出发，依据实际数据将利益相关者进行排序，从而将利益相关者分为了关键利益相关者、重要利益相关者、一般利益相关者与边缘利益相关者四类③。陈宏辉、贾生华、吴玲等人的研究，为我国从实证上对利益相关者进行研究提供了很好的借鉴。

我们综合上述几种观点，从高等职业教育内外部环境的角度出发，借鉴弗里曼(Freeman，1984)对利益相关者分类的思想，将利益相关者划分为所有权(ownership)、经济依赖性(economic dependence)和社会利益(social interest)三个维度。我们将高职教育的利益相关者分为资本市场利益相关者、产品市场利益相关者和组织中的利益相关者，其中，资本市场利益相关者指政府部门，体现落实高等教育强国战略的迫切要求；产品市场利益相关者指用人单位、学生以及关联产业部门等，体现获取知识产品提升竞争力的恳切需求；组织中的利益相关者包括教育科研工作者，体现实现教育人生价值目标的殷切诉求。

三、“人民满意”高职教育理论的内涵

(一)“人民满意”高职教育的内涵

党的十八大报告强调“努力办好人民满意的教育”，其战略目标和任务包括：

① MITCHELL R K，AGLE B R，WOOD D J. Toward a theory of stakeholder identification and salience：defining the principle of who and what really counts[J]. The academy of management review，1997，22(4)：853-886.

② 陈宏辉，贾生华. 企业利益相关者三维分类的实证分析[J]. 经济研究，2004(4)：80-90.

③ 吴玲. 中国企业利益相关者管理策略实证研究[D]. 成都：四川大学，2006.

坚持教育优先发展、全面贯彻党的教育方针、深化教育改革创新、推动教育协调发展、大力促进教育公平、加强教师队伍建设和加强高校党的建设等几个方面①。

综上所述，“人民满意的高职教育”中的“人民”首先应该是一个群体概念，而不是特指某一个体。其次，“人民”的内涵应该囊括党的十八大报告中提出的基本目标和任务。有观点认为，“人民”在教育实践活动中就可以具体化为两个实体：一是代表社会价值和利益的国家，二是代表个人价值和利益的受教育者个人或家长，这两者的需要实质上是统一的。办人民满意的教育就是要办符合国家发展需要且让受教育者个人满意的教育②。

结合利益相关者理论，我们认为该观点存在一定范围的局限性，首先，观点未能囊括党的十八大报告中提出的基本目标和任务；其次，观点未能区分高等教育与基础教育的差异，将“人民”具体化为家长，认为教育的选择主要来源于家长，这一观点本身就具有片面性；最后，观点只关注国家宏观层面的人才战略需求，忽视中观和微观层面的产业与企业发展的产学研需求。

因此，我们综合高职教育的特征考虑，认为“人民满意”高职教育背景中的“人民”应该具体化为政府、社会、学生和教师。其中，家长、企业涵盖于社会范畴。此外，我们认为，国家是个抽象的概念，是由领土、人民（居民）、政府三个要素组成③。因此，如果将人民具体为国家，就存在同义反复的问题。而政府与高职院校之间是一种委托代理关系，即将实现国家人才战略、全面贯彻党的教育方针、深化教育改革创新等委托给高职院校进行，作为委托方——政府，自然应该属于“满意”的接受主体范畴。

客观而言，“人民满意”高职教育背景中的“人民”具体化为政府、社会、学生和教师，是基本符合党的十八大以来所提出的基本目标和任务。

（二）“人民满意”的高职教育办学质量评价指标体系的内涵

评价从本质来讲是一种价值判断。高职教育办学质量评价通过对高职院校办学活动的价值判断，科学地利用其判断结果，从而优化高职教育质量。评价指标体系是指由表征评价对象各方面特性及其相互联系的多个指标，所构成的具有内在结构的有机整体。“人民满意”的高职教育办学质量评价指标体系

① 袁贵仁．努力办好人民满意的教育：在教育部党组学习贯彻党的十八大精神扩大会议上的发言[J]．人民教育，2012(23)：5-8.

② 和学新．“人民满意的教育”的评估指标研究[J]．教育科学研究，2009(1)：5-12.

③ 国家也是政治地理学名词。从广义的角度，国家是指拥有共同的语言、文化、种族、血统、领土、政府或者历史的社会群体。从狭义的角度，国家是一定范围内的人群所形成的共同体形式。

的内涵和特征主要体现在四个方面：一是评价的目的，即让“人民满意”，指明了评价工作的根本方向，通过评价找出人民不满意所存在的问题和原因，修正发展定位、完善质量保障体系，形成有效的需求反馈与教育活动相应机制，实现办“人民满意”的高职教育；二是评价的主体，即与高职教育休戚与共的人民内部各群体，包括教育主管部门、教师、学生及其家长、行业企业、社会团体和评价机构等，这些多元利益主体参与到评价中，体现了评价的公开性、公平性和民主性，彰显了个体及群体因素在教育评价中的应有地位；三是评价的内容，以评价主体最关心的教育利益诉求作为评价内容的选取依据，真实反映高职教育发展的规模、结构、质量、效益等方面的情况，评价内容既要遵循党的教育宗旨，又要体现教育政策，更要反映高职教育的规律和特色，且应具有可操作性，才能保证评价结果的科学性、合理性和全面性；四是评价的途径，采用文献分析法和德尔菲法确定评价指标，采用层次分析法(AHP)和权值因子判断表法确定指标权重，采用定量与定性相结合的方法进行评价。

第二节 “人民满意”高职教育办学质量评价指标体系分析框架

一、整体框架

结合前文，“人民满意的高职教育”其“满意”的接受主体具体为政府、社会、学生和教师。相互关系概况如图 1-1 所示。

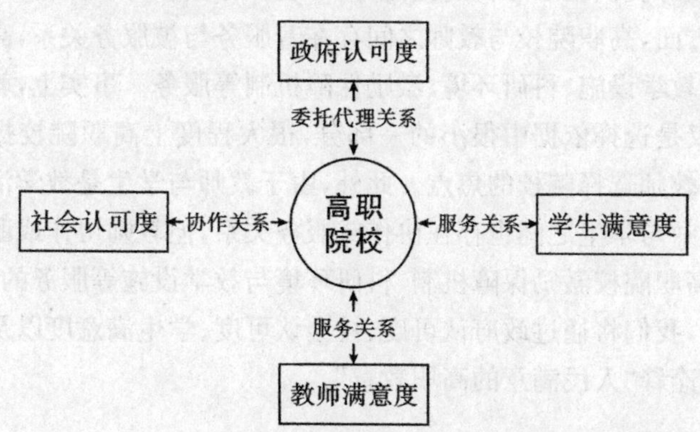

图 1-1 “人民满意”的提供主体与接受主体的相互关系

在一个完善的高职教育体系中，政府部门通常是一个贯彻党的教育方针、教育改革政策颁布与实施监督、协调教育公平、优先发展等相关工作的主体单位，而这些工作往往都需要高职院校来实现。从经济学视角来看，二者是一个委托代理关系。虽然在严格意义上，政府部门，如教育主管部门，也是“办好人民满意的高职教育”的主体之一，但由于存在这一委托代理关系，高职院校成为贯彻、落实政府相关政策方针，检验政策效果的重要主体。“人民满意的政府行为”很大程度上需要高职院校去实现，当然，这一过程离不开政府部门的指导、监督与认可。因此，由高职院校来贯彻执行的“人民满意的政府行为”，就需要政府部门的认可度来评价。

与基础教育最大的区别之一是，高职教育更多地需要服务地方经济发展。严格意义上来说，高职院校比科研型大学更加贴近地方经济，因为大量的科研成果需要高职院校的配套技能培养方案和技能型人才来实现产业化。我们提出的社会认可度，包括与高职院校产学合作的企业、向社会提供技能培训服务、科技转化、人才供给等方面。此外，家长对高职院校的认可通常分为事前与事后两方面，事前指学生报考前，家长对高职院校的认知认可程度；而事后则是指学生入校后的教学以及毕业后的就业认可程度。

高职院校与学生之间既是服务与被服务关系，也是生产协作关系。前者是指高职院校需要向学生提供教育教学、生活保障、就业指导、学习设施等服务内容；后者是指高职院校的“半成品（新生）—生产加工（人才培养）—成品（毕业生）”过程，并向社会提供（出售）人才。这是二者教学协作关系作用后产生成果的过程。而学生对高职教育的满意度的考量，应基于以上内容展开。

教师与高职院校之间的关系相对较复杂。一方面，教师与高职院校之间存在雇佣关系，教师提供教学和科研技能，高职院校依据教师的资历、工作量等支付薪酬；另一方面，高职院校与教师之间存在着服务与被服务关系，高职院校需要向教师提供教学设施、科研环境、激励保障机制等服务。事实上，教师选择院校时，薪酬仅仅是选择依据中很小的一部分，很大程度上高职院校提供服务质量的优劣才是教师选择院校的焦点。此外，由于教师与学生是教学活动中的主客体，因此，教师与学生之间也存在协作或服务关系，但教师协作或服务质量的高低，会受到高职院校激励保障机制、科研环境与教学设施等服务的影响。

综上所述，我们将通过政府认可度、社会认可度、学生满意度以及教师满意度四个方面来诠释“人民满意的高职教育”。

二、分析维度（二级指标）

依据上文分析内容，本部分将分别对一级指标进行剖析，探索能够诠释一级指标的指标维度。

(一)政府认可度

正如前文所述,政府与高职院校之间存在着委托代理关系。因此,政府对于高职院校的预期涉及范围广泛,包括人才培养、社会服务、教学改革、教师激励等方面,为了避免与后续其他维度相冲突,我们将政府认可度仅限于政府与高职院校之间的直接关系,不考虑委托高校服务其他群体的间接关系。综合现有政府对高职院校发展改革目标的文件,不难发现,政府对高职院校的期望主要集中在立德树人和依法治校两个方面。

党的十七大、十八大以及十九大都从不同角度提出:要全面贯彻党的教育方针,坚持育人为本,德育为先。要实施素质教育,提高教育现代化水平,培育德智体全面发展的社会主义建设者与接班人,办好人民满意的教育。同时,教育部 2006 年 12 月 14 日颁发的《关于全面提高高等职业教育教学质量的若干意见(教高〔2006〕16 号)》中指出,高职院校要坚持育人为本,德育为先,把立德树人作为根本任务。

2014 年 6 月,由国务院印发《国务院关于加快发展现代职业教育的决定》提出:“发挥好政府保基本、促公平作用,着力营造制度环境。”同年 6 月,教育部、国家发展改革委、财政部等六部门印发的《现代职业教育体系建设规划(2014—2020 年)》强调职业教育:“……完善体系建设、管理、运行的法律法规和基本制度。”2015 年 8 月,教育部印发的《职业院校管理水平提升行动计划(2015—2018 年)》明确“依法治校、自主办学、民主管理的运行机制基本建立”的基本工作目标。

因此,立德树人与依法治校成为政府对高职院校的核心分析维度。此外,高职院校办学定位,如办学规模、所在区域、专业特色等,都是政府在实施经济社会宏观调控过程中需要高职院校全面协作的关键内容;当然,作为代理方——高职院校在教学活动中所获得集体荣誉是最能体现代理成效的重要维度;同时,能够通过自筹经费更好地完成政府委托的教学、改革、服务的任务,也是政府重点关注的预期内容。

综上所述,我们将从依法治校、立德树人、办学定位、学校荣誉、自筹经费保障五个维度分析政府认可度。

(二)社会认可度

高职教育是与区域经济联系最为密切的现代教育形式①。综合已有研究,

---

① 丁金昌.高职教育对接区域经济的现状分析与路径选择[J].高等教育研究,2013,34(3):61-66.

我国高职教育与社会(区域经济)的联系主要包括:技能人才培养,在职培训,技术转化,专业设置匹配区域经济社会发展等方面。

《国家教育事业发展"十三五"规划》(国发〔2017〕4号)中要求"大力发展现代职业教育和继续教育,加快培养经济社会发展急需人才",并提出"推行产教融合的职业教育模式。坚持面向市场、服务发展、促进就业的办学方向,科学确定各层次各类型职业教育培养目标,创新技术技能人才培养模式。推行校企一体化育人,推进'订单式'培养、工学交替培养,积极推动校企联合招生、联合培养的现代学徒制"等任务目标。

由此可见,高职院校与社会之间,尤其是服务地方经济方面的协作内容,应该涵盖面向社会的技能培训、产业技术转化、工业研发、技能型人才培养等。综合以上内容,我们拟从社会服务、产学研、人才培养质量(招生就业)、影响力(社会声誉)、家长认可、用人单位六个维度对社会认可度进行分析。其中,我们将家长对高职院校的事后认可纳入社会认可度的范畴,这是因为家长对高职院校的事前认可分析可以在政府认可度上得到结果,如办学定位、专业特色和学校荣誉。

(三)学生满意度

已有对大学生满意度的研究,尤其是对高职院校的学生满意度的研究,大致观点有以下几方面:有侧重于教育管理的,认为学生满意度涵盖教师、课程、学习、管理、住宿、饮食、就业七个部分①;也有基于"国家大学生学习情况调查问卷系统(NCSS)"进行研究的,主要包括课堂教学、教学过程、教学关系、学校有关制度以及配套措施、图书馆资源、学校餐饮质量、学校住宿情况、学生各种人际关系等方面②;也有简化观测维度的,仅从教师教学、人际关系与校园支持三个方面进行分析③;探索学生满意度的影响因素方面,涵盖了教师指导、教师教学、图书馆、同伴关系、管理服务、课程与要求、住宿条件、交通与安全、咨询服务、校园支持和教室条件11个基本要素④。从已有研究结论来看,教学质量水平和基础设施及利用相对较重要,其中教学方法、评价标准、教学内容指标满意度普遍较高,而图书

---

① 李桂荣,李志. 高职院校学生满意度现状与提升策略研究[J]. 中国成人教育,2010(2):84-85.

② 李振祥,文静. 高职院校学生满意度及吸引力提升的实证研究[J]. 教育研究,2012,33(8):71-76.

③ 汪雅霜. 高职院校大学生满意度研究:基于2011年"国家大学生学习情况调查"数据分析[J]. 中国高教研究,2012(7):85-89.

④ 史秋衡,沙阿布哈里. 巴基斯坦大学生满意度的实证研究[J]. 教育研究,2015,36(6):124-135.

资源、住宿条件、餐饮、实验室设备、体育设施、学生的课外交流满意度较低①。

综合以上观点，我们认为，高职大学生的满意度观测大致包括以下六个方面：一是教学资源，包括师资、教学设施设备、实训设施设备等；二是管理能力，包括后勤保障、学生工作、反馈机制等；三是校园文化，包括校风校训、德育教育、思政党建等；四是资助体系，包括奖学金评定、评优机制等；五是学业成效，包括技能培养、顶岗实习等；六是创业发展，包括就业指导、创业支持等。因此，我们拟从以上六个维度来诠释学生满意度。

（四）教师满意度

从已有的研究来看，教师对高职院校（宽泛而言，可以视为高等院校）的满意度大体上从工作本身、福利报酬、社会地位、教师管理、人际关系和职业发展②，当前收入和住房条件、教学质量和学风、校园环境和行政工作、职称评聘和进修深造③，管理与发展、工作性质和非工资待遇④，教师待遇、教师进修机会、双师型教师比例、年轻教师的培养⑤等方面展开分析。

归纳而言，以上观测维度或指标，大致可以分为三类，一类是基础保障，包括教师薪酬、进修培训、职业发展等；二类是内涵建设，包括课程、实训以及教学资源等；三类是科研激励，包括课题、论文、专利以及专著等。虽然高职院校与教师之间既有雇佣关系，又存在着服务与被服务关系，但我们出于简化研究的需要，仅仅对服务与被服务关系进行分析。因此，高职院校与教师之间，更多的是高职院校给教师提供教学、科研、实训活动的保障服务。因此，我们拟从基础保障机制、内涵建设机制、科研激励机制三个维度对教师满意度进行分析。

第三节 数据采集和处理

一、数据来源与采集

我们所采用的评价指标体系共涉及 4 个一级指标、22 个二级指标、106 个

---

① 洪彩真.高等教育服务质量与学生满意度研究[D].厦门：厦门大学，2007.

② 童乃诚.人才培养模式转型期高职院校教师满意度的调查与分析[J].温州职业技术学院学报，2010，10(2)：21-23；56.

③ 郝文斌.高校教师满意度差异分析与应对策略[J].中国高教研究，2015(1)：83-86.

④ 王婧瑶，刘鎏.我国专业体育院校教师满意度量表编制：基于高等院校自我评价的研究[J].体育与科学，2015，36(6)：107-114.

⑤ 唐卫民，华娜.辽宁省民办高校教师满意度调查：以三所民办高校为例[J].现代教育管理，2012(10)：107.

三级指标(具体三级指标可详见第二章至第五章),覆盖高职院校多个维度。为确保评价的全面性、客观性和严谨性,我们拟从多途径采集相关数据,主要包括以下三个来源:

首先,我们的主要数据来源于《高等职业教育人才培养质量年度报告》,该《报告》始于 2012 年 7 月 12 日,是我国高职教育发展 30 年来,首次向全社会发布高职教育人才培养质量报告,报告得到了教育部领导的高度评价,并在社会上引起强烈反响①。我们从高等职业教育质量年度报告专栏获取 2018 年度湖北省 58 所高职院校的《高等职业教育人才培养质量年度报告》,并从中获取结构化数据,如图 1-2 所示。

高等职业教育质量年度报告(2018)

附件 2:资源表

长江职业学院 2017 年高等职业教育质量报告"资源表"

院校代码	院校名称	指标		单位	2017 年	2016 年
10956	长江职业学院	1	生师比	—	17.68	17.6
		2	双师素质专任教师比例	%	93	82
		3	生均教学科研仪器设备值	元/生	6300	5801.46
		4	生均教学及辅助、行政办公用房面积	m^2/生	22.72	19.98
		5	生均校内实践教学工位数	学时/生	0.34	0.31
		6	校园网主干最大带宽	Mbps	10000	10000
		7	教学计划内课程总数	门	976	1157
			其中:线上开设课程数	门	96	21
		8	学校类别	√综合、师范、民族院校 工科、农林院校 药学院校 语文、财经、政法院校 体育院校 艺术院校		

图 1-2 《高等职业教育人才培养质量年度报告》结构化数据来源示意图

同时,也从中采集部分非结构化数据,如图 1-3 所示,并对其进行评分赋值,详细赋值方案见"评分方案"。

① 朱方鸣,陈华.《中国高等职业教育人才培养质量年度报告》若干问题商榷[J].高校教育管理,2014,8(2):44-48.

高等职业教育质量年度报告（2018）

电子商务、机电一体化、汽车电控和药品检测等 100 多个校内实习实训室和 200 多个校外实习实训基地。

学校是教育部首批教育信息化建设试点单位，全国首批职业院校数字校园建设实验校，拥有湖北省高职院校唯一的人文社科重点研究基地——“湖北技能型人才培养研究中心”，被湖北省教育厅确定为“湖北省大学生创业示范基地”。学校是湖北省高职高专院校党建研究会和湖北省高等职业教育学会首届会长单位，连续五届被省委省政府授予“省级最佳文明单位”称号，曾获“全国医药教育先进集体”、“全省职业教育先进单位”、“全省党建和思想政治工作先进单位”、“全省宣传思想教育工作先进单位”、“湖北省毕业生就业规范管理先进单位”等荣誉称号。学校率先试行的“教师课堂教学效果承诺制”、12 年如一日的“大学生雷锋连”、连续 10 年评选“感动校园人物”等事件被光明日报、中国教育报、中国青年报等 30 余家媒体持续、深入报道，在社会上引起了强烈反响。

学校不断拓宽办学思路，积极加强与国外、境外高校的交流与合作，先后与泰国、加拿大、美国、日本、韩国等 8 个国家和地区的 12 所院校建立了国际、境外合作关系，今年迎来首批泰国留学生。

图 1-3 《高等职业教育人才培养质量年度报告》非结构化数据来源示意图

其次，我们还通过 Heritrix 3.2 网络爬虫①，对公开发布的政府门户网站（如图 1-4）、湖北省 58 所高职院校官方网页（如图 1-5）等网络门户网站、媒体等进行关键词、关键语段等的检索与抓取，以弥补《高等职业教育人才培养质量年度报告》中无法满足我们构建评价指标体系的数据，也包括《高等职业教育人才培养质量年度报告》中较为含糊未能证实或直接使用的数据。

图 1-4 我们通过 Heritrix 3.2 获取数据来源之一的政府门户网站

① Heritrix 是一个由 java 开发的、开源的网络爬虫，用户可以用它来从网上抓取想要的资源。其最出色之处在于它良好的可扩展性，方便用户实现自己的抓取逻辑。

图 1-5　我们通过 Heritrix 3.2 获取数据来源之一的院校官方网站

最后，为了丰富数据来源和弥补无法直接从以上两类途径获取数据的部分指标，我们设计了 5 分制的满意度网络问卷①。在湖北省教育科学研究院的大力支持下，分别对高职学生和教师两类群体发放电子调查问卷，问卷发放覆盖全省 58 所高职院校，其中教师样本 2468 个，学生样本 18371 个。

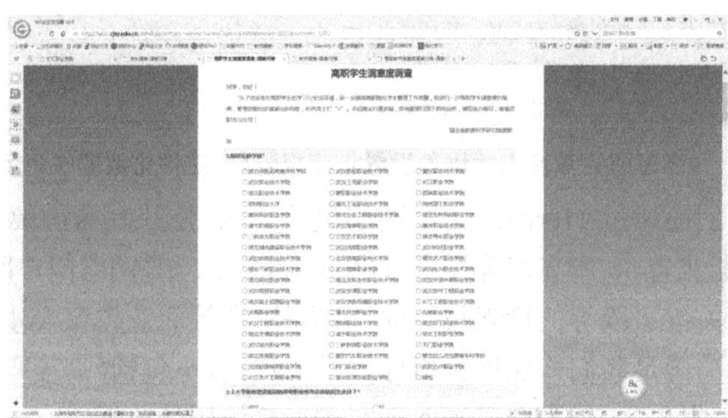

图 1-6　高职学生满意度网络调查问卷

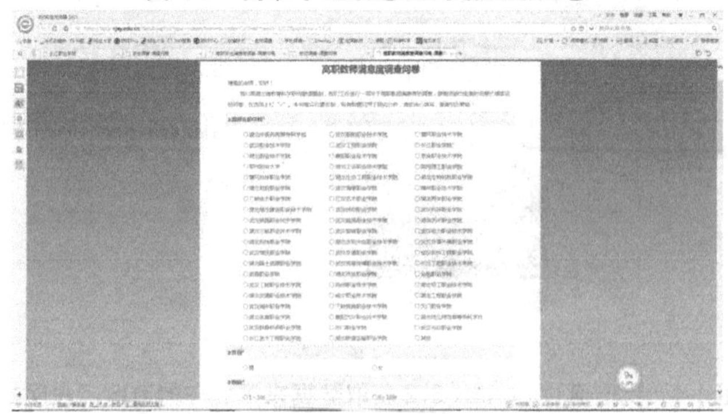

图 1-7　高职教师满意度网络调查问卷

① 问卷详细可见文末附录。

综合以上三种方式，我们共计获取结构化数据 12760 条和非结构化数据 1475689 条，基本涵盖了我们所构建的 4 个一级指标、22 个二级指标、106 个三级指标的评价指标体系。

二、数据处理

（一）数据标准化

我们所构建的“人民满意”高职教育质量评价指标体系观测点达到 376 个，观测点之间数据的数值差异较大，如表 1-1 所示。

表 1-1 “人民满意”高职教育质量评价指标体系观测点数据采集情况略表

序号	校名	新生报到率(%)	学生获奖情况（项）	师均科研仪器设备设备值(元/人)	实验实训基地数量（个）	微课总数（项）	人均纵向课题数量（项/人）	人均横向经费额度（元/人）
1	HB016	0.9540	20.0000	6560.9300	240.0000	30.0000	0.6370	0.0169
2	HB007	0.9575	70.0000	5801.4600	300.0000	219.0000	0.5197	0.0815
3	HB012	0.9305	52.0000	7006.1100	398.0000	86.0000	0.3971	0.0500
4	HB022	0.8713	36.0000	4000.0000	313.0000	0.0000	0.9275	0.0348
5	HB024	0.9627	19.0000	0.0000	158.0000	21.0000	0.0000	0.0118
6	HB033	0.9145	11.0000	10193.3600	70.0000	0.0000	0.0000	0.1968

各个观测点之间数值差异较大，一方面会对最终的评价总分产生误差，另一方面也会严重影响各项指标权重系数的客观性。因此我们拟采用 min-max 标准化[①]法对以上数据进行标准化，正向指标采用 $x_i^* = \frac{x_i - \min x_i}{\max x_i - \min x_i}$ 进行标准化，负向指标采用 $x_i^* = \frac{\max x_i - x_i}{\max x_i - \min x_i}$ 进行标准化，标准化后数据如表 1-2 所示。

① min-max 标准化，也称为离差标准化，是对原始数据的线性变换，使结果收敛在[0,1]区间。

表 1-2 "人民满意"高职教育质量评价指标体系数据标准化后汇总略表

序号	学校	保障机制	科研成效	社会服务	产教融合	招生情况	社会声誉	用人单位
1	HB001	100	94.314064	85.03286	78.377664	100	91.901688	98.4952
2	HB002	91.927412	97.812892	85.85716	100	95.603636	100	99.1288
3	HB003	87.604112	87.127904	100	86.64476	94.518328	78.675864	97.6438
4	HB004	77.707744	100	80.762756	80.081824	93.09808	82.920788	96.98248
5	HB005	83.070092	75.762596	88.331184	88.029704	89.983088	85.366232	99.2476
6	HB006	85.3371	73.693852	81.606616	77.083608	89.445392	83.411524	94.0596
7	HB007	82.445212	75.784572	77.020028	92.484732	90.583668	81.917048	100
8	HB008	86.5578	82.144592	78.10282	83.055148	83.769744	88.418452	95.76676

(二)评分方案

我们除去以上所提及的结构化数据以外,仍存在一部分非结构化数据描述的观测指标,如办学定位、立德树人、校园文化等方面,为了能够与以上结构化数据指标在一个标准范畴内对高职院校进行评价,我们拟对这部分非结构化数据进行赋值,使其具备结构化数据的特征,具体操作如下:

学校章程是指为保证学校正常运行,主要就办学宗旨、内部管理体制及财务活动等重大的基本问题做出全面规范而形成的自律性基本文件。学校章程是学校的立校之本。关于学校章程的内容,我国法律目前还没有具体规定。但如前所述,学校章程由于其在学校的特殊地位和作用,一般应该包括学校名称、办学宗旨、主要任务、教育教学形式、内部管理体制、财务和人事管理制度、章程的修改程序以及其他必要事项等内容。将学校章程所通过的年份作为主要因素,计算距现今的时间差,并根据时间差由大到小进行排序。取前10名得分为5,第11~20名为4分,第21~30名为3分,第31~40名为2分,第41~58名则为1分。

规范办学是指依照国家的法律法规创建学校、经营学校。使用该高职院校在研究年度是否被通报批评来衡量,若被通报批评,则记为0分;若没有被通报批评,则记为5分。

(三)赋权方案

在计算综合得分之前,我们需要对各指标赋予一定的权重。常见的赋权方法有主观赋权法、客观赋权法和主客观综合赋权法。主观赋权法主要在以事物属性的本身特性为基础来确定权重的运用中有优势,但是这个方法的客观性不好。客观赋权法则往往运用在不用考虑事物属性实际意义的情况下进行权重的确定,但是客观赋权法不能够表现出针对不一样的属性下决策者对这些属性的重视情况,甚至有时候还会产生因决策失误而引起所赋的权重不能完全体现出这个属性实际的重要程度的情况。为了满足决策者对这些属性的要求,以及努力减少根据决策者的主观臆断来赋权,让赋权的方法在主观上和客观上都能够一致,综合考虑这两种赋权方法的优点和缺点,把这两个方法结合考虑得到的方法称为主客观综合赋权法。

考虑到指标体系所涉及指标较多,为了充分利用原始数据客观性,尊重“人民满意”高职教育质量评价指标体系的主观性,我们拟采用主客观综合赋权法进行综合赋权。在主客观综合赋权法中,在实际应用的过程中主要采用乘法加成、线性加权合成和以层次分析法(AHP)与熵值法为基础的综合评估模型来进行赋权。这里我们选用以层次分析法(AHP)与熵值法为基础的综合评估模型进行赋权。

在每个综合评估的模型中,为了确定每一个评价指标的权重系数大小,就应该从定性和定量研究两个方面来综合考虑评价结果,故主要使用组合赋权法进行相应的测算。在进行定性研究时用 AHP 法,定量研究时用熵值法,然后综合考虑定性分析结果和定量分析结果来评估高校综合评价模型的权重。

1. 用 AHP 法确定权重的步骤

第一,先把要进行评估的指标分层,对它进行阶层化处理,即将这些指标分为目标层、标准层和方案层,接着根据分层结果对同一个层次的指标进行对比,对比后请一定数量的专家对指标进行打分,根据专家的打分来构建判断矩阵 **B**:

$$\boldsymbol{B}=\begin{bmatrix} b_{11} & L & b_{1n} \\ L & L & L \\ b_{n1} & L & b_{nn} \end{bmatrix}$$

判断矩阵 **B** 中元素的取值方法为:当 p_i 与 p_j 同等重要时,则 $b_{ij}=1$,当 p_i 稍微高于 p_j 时,则 $b_{ij}=3$,依次进行类推,其中 b_{ij} 元素的取值为 1 至 9,或者它们的倒数。

第二,根据构建的判断矩阵来求特征值。一般对矩阵求根的方法有求和法与求根法两种。求和法为 $W=[w_1,\cdots,w_n]^T$,其中 $W_1=\dfrac{w_i}{\sum\limits_{j=1}^{n} w_i}$,在这里,各分向量 W_i 表示 $p_1,\cdots,p_n$ 等指标的标准权重。通过求根法可以得出向量 $W=[w_1,\cdots,w_n]^T$,各分向量 W_i 可以表示 $p_1,\cdots,p_n$ 等各个指标相对优化的标准权重。

第三,进行一致性检验。基于 AHP 法的原理,检验一致性时要使用 λ_{max} 与 n 之差。计算公式如下:界定一致性指标:$CI=\frac{\lambda_{max}-n}{n-1}$,从而推算 $CR=\frac{CI}{RI}$,其中 λ_{max} 为判断矩阵的特征根最大,RI 为一致性随机指标,根据随机一致性指标表可查出 RI 值。当 $CR\leqslant 0.1$ 时,则说明该方法可以通过一致性检验。

2. 熵值法确定权重的步骤

熵值法的基本原理是根据指标观测值所提供的信息大小来确定指标的权重。在信息论中,熵是对不确定性的一种度量,信息量越大,不确定性就越小,熵也就越小,我们可以用熵判断某个指标的离散程度,指标的离散程度越大,对综合评价的影响也就越大。因此,可以利用信息熵对以上指标体系中的指标数据进行计算,算得各个指标的相应权重。根据三级指标的权重及原始数据,我们可以计算出各高校二级指标的得分,根据二级指标的得分,再一次利用熵值赋权法,计算二级指标的权重,以此类推,最终得出一级指标的权重。

其基本计算过程如下:

第一步,计算第 j 项指标,第 i 个评价单元与该指标总量的比重:$p_{ij}=\frac{x_{ij}}{\sum_{i=1}^{n} x_{ij}}$;

第二步,计算第 j 项指标的熵值:$h_j=-\frac{1}{\ln(n)}\sum_{i=1}^{n} p_{ij}\ln(p_{ij})$;

第三步,计算第 j 项指标的差异系数:$g_j=1-h_j$;

第四步,确定权重:$w_j=\frac{g_j}{\sum_{j=1}^{m} g_j}$。

其中,$x_{ij}(i=1,2,\cdots,n;j=1,2,\cdots,m)$表示第 i 个评价单元第 j 个指标的取值。

3. 组合赋权法权衡比重

组合赋权法是综合考虑 AHP 法的专家赋权理论和实践经验,再加上一些客观赋权的熵值法来确定评价模型的权重系数,根据公式:$W_j=(a_1\times w_{1j})+(a_2\times w_{2j})$来计算权重系数大小,其中,$0<a<1$ 且 $a_1+a_2=1$,j 代表指数标准项数。

依据以上权重方案,我们组织中南财经政法大学统计与数学学院、长江职业学院和湖北技能型人才培养研究中心等专业从事高职教育和大数据分析的专家学者共 18 名来进行统计分析，这 18 名专家非常熟悉"人民满意"视角下高职教育办学质量评价的特色。

我们假设该组合赋权法中 AHP 法和熵值法得到的权重在组合赋权法中有同等重要的地位，即假设组合权重中主观权重和客观权重占有均等的比例，即 $a_1=0.5$，$a_2=0.5$。通过上述公式及步骤，计算组合赋权法的系数结果如表 1-3所示。

表 1-3　一级指标权重结果

指标名称	权重系数
政府认可度	0.1904
社会认可度	0.2214
学生满意度	0.3207
教师满意度	0.2675

有观点认为，学生是充满活力的，教育的目的在于促进和引导学生的自我发展，现代社会的教育理念可以概括为以学生为主体，以人的发展为旨归，这也就是我们常说的"以人为本"的理念①。由此可推断出，"人民满意"的高职教育中，"学生满意度"应最为重要，我们所设计的评价指标体系中，"社会认可度"在一定程度上是通过"学生满意度"来实现的，如人才培养质量(招生就业)、影响力(社会声誉)、家长认可、用人单位等维度。而"政府认可度"则是立足于"社会认可度"的基础上达成的，如办学定位(服务区域经济)、立德树人等。

理论上，"人民满意"高职教育质量评价中的四个一级指标的重要程度应是学生满意度高于社会认可度，社会认可度高于政府认可度，教师满意度则略低于学生满意度②。因此，表 1-3 中四个一级指标的权重结果基本符合理论逻辑，我们认为可以用于后续研究。

① 怀特海. 教育的目的[M]. 赵晓晴，张鑫毅，译. 上海：上海人民出版社，2018.

② 之所以认为教师满意度的重要性略低于学生满意度，是基于教育"以人为本"理念的考虑。

第二章 “人民满意”的高职教育办学质量评价实证研究

本章节拟就政府、社会、学生和教师评价子体系展开研究，并对58所高职院校进行比较分析。

第一节 政府认可度评价子体系研究

本节拟就政府认可度评价子体系框架及观测维度展开研究，并基于政府认可度评价子体系对湖北省58所高职院校进行比较研究。

一、政府认可度子体系框架及观测维度

正如前文所述，我们将政府的维度分为5个二级指标和23个三级指标。详细情况如表2-1所示。

表2-1 政府认可度子体系框架及观测维度

一级指标	二级指标	三级指标
政府认可度	办学定位	办学主体
		办学规模
		办学层次和类别
		发展定位
		国际交流
	依法治校	领导体制和运行机制
		学校章程
		规范办学
		内部质量保证体系
		有无重大违规违纪情况

续表

一级指标	二级指标	三级指标
政府认可度	立德树人	“三全育人”工作
		“五个”思政
		思政教师比例
		辅导员配备情况
		综合素质培养体系
		校风教风学风建设
	条件保障	学校区域优势
		基础能力建设
		生均拨款
		专项投入及其他经费
	学校荣誉	国家级荣誉
		省级荣誉
		部门、行业和地市级荣誉

如表 2-1 所示，5 个二级指标分别为办学定位、依法治校、立德树人、条件保障、学校荣誉。其中办学定位分为 5 个三级指标，分别为办学主体、办学规模、办学层次和类别、发展定位、国际交流。详细情况如表 2-2 所示。

表 2-2 二级指标办学定位的主要观测点(三级指标)

二级指标	三级指标	评价依据
办学定位	办学主体	高职院校办学主体是指为设置高职院校提供必要的经费和基本办学条件者。
	办学规模	办学规模就是开办学校中所具有的格局、形式和范围。
	办学层次和类别	根据招生对象的不同划分为不同学制的教育类型。
	发展定位	院校长期发展的方向是否与当地区域经济发展相匹配。
	国际交流	国际交流是指各国从事科技活动的机构、团体和人员之间相互提供、传递和获取科技信息的活动。

依法治校分为5个三级指标，分别为领导体制和运行机制、学校章程、规范办学、内部质量保证体系、有无重大违规违纪情况。详细情况如表2-3所示。

表2-3　二级指标依法治校的主要观测点(三级指标)

二级指标	三级指标	评价依据
依法治校	领导体制和运行机制	学校的最高领导权。
	学校章程	学校章程是指为保证学校正常运行，主要就办学宗旨、内部管理体制及财务活动等重大的基本问题做出全面规范而形成的自律性基本文件。
	规范办学	依照国家的法律法规创建学校、经营学校。
	内部质量保证体系	在学校内通过一定的制度、规章、方法、程序和机构等把质量保证活动加以系统化、标准化及制度化。
	有无重大违规违纪情况	该学校内的职工在教学、科研、管理等活动中，是否出现违反法律、纪律或规则、章程的情况。

立德树人分为6个三级指标，分别为“三全育人”工作、“五个”思政、思政教师比例、辅导员配备情况、综合素质培养体系、校风教风学风建设。详细情况如表2-4所示。

表2-4　二级指标立德树人的主要观测点(三级指标)

二级指标	三级指标	评价依据
立德树人	“三全育人”工作	所谓“三全育人”，是“全员育人、全程育人、全方位育人”三者的简称①。
	“五个”思政	学生思政、教师思政、课程思政、学科思政、环境思政。
	思政教师比例	思政教师占教师总数的比例。
	辅导员配备情况	辅导员人数占学生总数的比例。
	综合素质培养体系	指培养学生德智体美劳等综合素质全面发展的体系。
	校风教风学风建设	校风、教风、学风的建设情况。

① “三全育人”具体来说：全员育人，是指由学校、家庭、社会、学生组成的“四位一体”的育人机制；全程育人，是指学生一进校门到毕业，从每个学期开学到结束，从双休日到寒暑假，学校都精心安排思想政治教育，贯穿始终；全方位育人，是指充分利用各种教育载体，主要包括学生综合测评和奖学金评比、贫困生资助与勤工助学、学生组织建设与管理、校园文化建设、学风建设、诚信教育、社会实践等，将思想政治教育寓于其中。

条件保障分为4个三级指标，分别为学校区域优势、基础能力建设、生均拨款、专项投入及其他经费。详细情况如表2-5所示。

表2-5 二级指标条件保障的主要观测点(三级指标)

二级指标	三级指标	评价依据
条件保障	学校区域优势	学校区域优势指某一个学校所属区域在其经济发展过程中，在自然、经济、技术、管理和社会诸因素中某一项或几项因素中具有的特殊有利条件，这使该区域更富有竞争力，具有更高的资源利用效率，区域的总体效率保持在较高水平。
	基础能力建设	院校的办学条件是否符合教育部的规定。
	生均拨款	政府每年下发给高职院校学生的人均财政拨款。
	专项投入及其他经费	科研所得、自筹所得的经费。

学校荣誉分为3个三级指标，分别为国家级荣誉，省级荣誉，部门、行业和地市级荣誉。详细情况如表2-6所示。

表2-6 二级指标学校荣誉的主要观测点(三级指标)

二级指标	三级指标	评价依据
学校荣誉	国家级荣誉	部委及以上所颁布的奖项或荣誉。
	省级荣誉	省厅级所颁布的奖项或荣誉。
	部门、行业和地市级荣誉	部门、行业或地市级以上所颁布的奖项或荣誉。

二、湖北省部分高职院校政府认可度比较研究

依据前文所述指标体系及数据处理、评分及赋权方案，同时按照湖北省教育厅公布的《高等职业教育创新发展行动计划(2015—2018年)》拟认定项目名单，拟推荐国家级优质校10所、省级优质校15所。就上述25所高职院校政府认可度得分情况进行汇总，院校排序不分先后。详细情况如表2-7所示。

表 2-7　湖北省部分高职院校政府认可度体系得分情况一览

类别	学校	办学定位	依法治校	立德树人	条件保障	学校荣誉	政府赋分
国家级优质校	HB002	92.26	81.28	88.57	92.08	94.43	90.87
	HB001	94.43	92.18	92.23	100.00	95.39	95.59
	HB004	78.17	77.65	78.83	92.36	86.08	84.96
	HB003	69.72	83.34	88.14	92.08	91.59	89.04
	HB009	75.12	79.70	82.79	91.80	78.14	82.93
	HB014	77.08	83.34	84.38	88.53	81.10	83.92
	HB015	93.35	95.81	71.39	95.90	100.00	92.25
	HB006	75.29	88.55	92.75	95.90	90.04	91.38
	HB005	100.00	93.20	79.22	91.80	92.54	90.05
	HB017	68.47	80.37	87.79	80.18	81.35	81.64
省级优质校	HB025	68.14	88.55	84.61	80.34	60.40	74.66
	HB036	71.71	72.44	75.96	60.40	78.61	71.96
	HB024	74.20	79.70	82.06	88.53	80.94	82.82
	HB008	98.92	76.07	79.76	92.36	78.46	83.19
	HB011	75.64	85.94	83.22	84.44	78.05	81.74
	HB019	79.61	90.60	90.76	91.80	75.97	85.33
	HB029	76.69	86.97	71.60	84.44	89.89	83.72
	HB012	68.30	72.44	96.71	84.44	86.08	85.30
	HB020	76.69	81.28	79.86	100.00	97.35	91.64
	HB021	86.76	79.70	90.50	80.06	80.78	82.68
	HB037	69.55	78.68	78.06	76.24	84.16	79.40
	HB007	85.84	86.97	92.90	91.80	86.08	89.15
	HB023	67.86	86.97	91.12	87.98	75.65	83.26
	HB013	69.55	100.00	74.39	92.36	84.16	85.76
	HB010	70.46	86.97	69.67	80.34	80.94	78.77

注：(1)院校排序不分先后；

(2)表中数值由 min-max 标准化得出，数值仅在这 25 所高职院校的样本中具有相对比较的意义；

(3)表中得分均为标准化后的数值，具体标准化方式可参考第一章第三节。

如表2-7所示，湖北省部分高职院校在办学定位、条件保障、学校荣誉差异较大。主要原因包括以下几个方面，首先，可能是不同院校在办学规模、办学层次和类别、发展定位和国际交流上的定位不同，不同类型院校培养具有不同技能的学生，因此在办学定位这一指标上很难趋于一致性。其次，受学校地理位置的影响较大，院校的发展状况很大程度上与当地的经济状况是相关联的，学校的地理位置越优越，招生的情况、经费资助、企业合作等越具备优异资源。最后，不同类型的院校获得奖项的难易程度不同，例如，理工类型的院校较文科类型的院校更易获得各项荣誉。学校的教师以及学生的能力差异，致使院校在学校荣誉上有差异。

湖北省部分高职院校在依法治校和立德树人方面无显著差异。主要原因包括以下几个方面，首先，法制的权威地位是每个院校在培养学生不可忽视的一个强制性的重要因素，在法制社会的大前提下，依法行使个人及机构的权利是公民及机构的义务。其次，依法治校的前提下，各个高职院校所要遵守与完成的事项相差无异，学校章程的制定以及规范办学的过程等都没有明显的差异性。从区域视角而言，并不存在明显的区域差异，经济发达地区的院校与经济欠发达地区的院校在依法治校方面并不存在显著差异。然后，在辅导员配备情况这一指标上，经济发达与经济欠发达地区，高职院校辅导员的综合素质相差无异。最后，也可能是在综合素质培养体系与校风教风学风建设方面高职院校并没有实现均衡发展。在立德树人的子指标中，各个院校没有表现出明显的差异。从区域视角而言，并不存在明显的区域差异，经济发达地区的院校与经济欠发达地区的院校在立德树人方面并不存在显著差异。

整体而言，湖北省部分高职院校的政府认可度整体分析比较无显著差异，主要是因为这些院校在依法治校与立德树人这两个指标上无显著差异。区域视角而言，并不存在明显的区域差异，经济发达地区的院校与经济欠发达地区的院校在政府认可度方面并不存在显著差异。

第二节　社会认可度评价子体系研究

本节拟就社会认可度评价子体系框架及观测维度展开研究，并基于社会认可度评价子体系对湖北省58所高职院校进行比较研究。

一、社会认可度子体系框架及观测维度

正如前文所示，我们将社会维度分为6个二级指标和26个三级指标。详

细情况如表 2-8 所示。

表 2-8　社会认可度子体系框架及观测维度

一级指标	二级指标	三级指标
社会认可度	社会服务	社会培训
		社区教育
		服务贫困地区
		服务区域经济建设和社会发展
	产教融合	专业对接企业深度和广度
		职教集团建设及作用发挥情况
		现代学徒制试点及成效
		生产性实训基地建设
		校外实训基地建设
		校企师资互聘
		参与行业相关委员会情况
	文化传承	文化品牌建设情况
		服务社会文化发展情况
		先进文化引领情况
	招生情况	招生计划完成情况
		新生报考数
		新生报到率
		家长满意度
	社会声誉	大众媒体影响力
		自媒体影响力
		社会评价
		杰出校友
	用人单位	思想品德
		职业素养
		综合素质
		专业技能

如表 2-8 所示，6 个二级指标分别为社会服务、产教融合、文化传承、招生情况、社会声誉、用人单位。其中，社会服务分为 4 个三级指标，分别为社会培训、社区教育、服务贫困地区、服务区域经济建设和社会发展。详细情况如表 2-9 所示。

表 2-9 二级指标社会服务的主要观测点(三级指标)

二级指标	三级指标	评价依据
社会服务	社会培训	学校为社会提供的培训。
	社区教育	在社区中提供提高成员的素质和生活质量、促进成员全面发展和社区可持续发展的教育活动。
	服务贫困地区	学校帮扶改善贫困地区发展生产，改变穷困面貌。
	服务区域经济建设和社会发展	学校与行业企业全面互动，融入到地方经济的建设之中。

产教融合分为 7 个三级指标，分别为专业对接企业深度和广度、职教集团建设及作用发挥情况、现代学徒制试点及成效、生产性实训基地建设、校外实训基地建设、校企师资互聘、参与行业相关委员会情况。详细情况如表 2-10 所示。

表 2-10 二级指标产教融合的主要观测点(三级指标)

二级指标	三级指标	评价依据
产教融合	专业对接企业深度和广度	与企业对接的专业数量。
	职教集团建设及作用发挥情况	职教集团成立年限及学生对其满意程度。
	现代学徒制试点及成效	现代学徒制审批阶段，截止时间是 2017 年 12 月 31 日。
	生产性实训基地建设	有一定生产规模的校内实训基地。
	校外实训基地建设	在校学生通过工学结合学习实践技能的学校以外的场所。
	校企师资互聘	校企联合招生、联合培养。
	参与行业相关委员会情况	

文化传承分为 3 个三级指标，分别为文化品牌建设情况、服务社会文化发展情况、先进文化引领情况。详细情况如表 2-11 所示。

表 2-11 二级指标文化传承的主要观测点（三级指标）

二级指标	三级指标	评价依据
文化传承	文化品牌建设情况	科技文化活动及成果。
	服务社会文化发展情况	与社会文化发展的对接情况。
	先进文化引领情况	学校开设课程及科研中涉及的文化的数量。

招生情况分为 4 个三级指标，分别为招生计划完成情况、新生报考数、新生报到率、家长满意度。详细情况如表 2-12 所示。

表 2-12 二级指标招生情况的主要观测点（三级指标）

二级指标	三级指标	评价依据
招生情况	招生计划完成情况	实际报到人数占招生人数的比重。
	新生报考数	新生报考本校的人数。
	新生报到率	新生报到人数占新生总人数的比重。
	家长满意度	家长对高校的满意程度。

社会声誉分为 4 个三级指标，分别为大众媒体影响力、自媒体影响力、社会评价、杰出校友。详细情况如表 2-13 所示。

表 2-13 二级指标社会声誉的主要观测点（三级指标）

二级指标	三级指标	评价依据
社会声誉	大众媒体影响力	报纸、电视、广播、杂志等大众媒体对大众对高校认识的影响。
	自媒体影响力	博客、微博、微信、百度贴吧等自媒体对大众对高校认识的影响。
	社会评价	社会公允的高校排名情况。
	杰出校友	在互联网上可以搜索到的知名校友的数量。

用人单位分为4个三级指标，分别为思想品德、职业素养、综合素质、专业技能。详细情况如表2-14所示。

表2-14 二级指标用人单位的主要观测点(三级指标)

二级指标	三级指标	评价依据
用人单位	思想品德	在一定思想的指导下，在品德行为中所表现出来的较为稳定的心理特点、思想倾向和行为习惯的总和。
	职业素养	职业道德、职业意识、职业行为习惯、职业技能。
	综合素质	知识水平、道德修养及各种能力等方面的综合素养。
	专业技能	从事其职业所具备的专业技术水平及能力。

二、湖北省部分高职院校社会认可度比较研究

依据前文所述指标体系及数据处理、评分及赋权方案，同时按照湖北省教育厅公布的《高等职业教育创新发展行动计划(2015—2018年)》拟认定项目名单，拟推荐国家级优质校10所、省级优质校15所。就上述25所高职院校社会认可度得分情况进行汇总，院校排序不分先后，详细如表2-15所示。

如表2-15所示，湖北省部分高职院校在社会认可度的6个二级指标上都表现出较大差异。主要原因包括以下几个方面，首先，每所高职院校的自身实力、资源禀赋等方面存在着很大差异，导致媒体影响力、校友资源等方面存在较大差异。其次，从属性上而言，不同类型与不同地区的院校对区域经济发展与社会进步的贡献亦大不相同，且因此导致院校对实训基地建设的能力存在差异，导致产教融合相关得分差异较大。最后，不同院校的专业属性、区域位置、校园文化等存在差异，加上家长对于子女在院校、专业选择方面存在本质差异，进而导致招生方面的得分差异较大。

整体而言，湖北省部分高职院校的社会认可度差异较大，究其原因，一方面可能是社会认可度的二级社会服务、产教融合、文化传承、招生情况、社会声誉和用人单位的数据分析差异较大，另一方面也可能是现有的高职院校在社会中的认可程度不一样，等级较高的高职院校在社会中的口碑更好。从区域视角而言，不存在明显的区域差异，经济发达地区的院校与经济欠发达地区的院校在社会认可度方面并不存在显著差异。

表 2-15　湖北省部分高职院校社会认可度体系得分情况一览

类别	学校	社会服务	产教融合	招生情况	社会声誉	用人单位	社会赋分
国家级优质校	HB002	85.86	100.00	95.60	100.00	99.13	93.71
	HB001	85.03	78.38	100.00	91.90	98.50	88.43
	HB004	85.03	78.38	100.00	91.90	98.50	88.43
	HB003	100.00	86.64	94.52	78.68	97.64	92.78
	HB009	77.48	79.95	81.52	88.68	98.16	82.52
	HB014	76.46	92.53	93.03	77.40	98.99	84.33
	HB015	76.50	70.83	92.01	83.74	97.73	81.01
	HB006	81.61	77.08	89.44	83.41	94.06	83.42
	HB005	88.33	88.03	89.98	85.37	99.25	89.10
	HB017	89.06	72.42	91.23	75.21	97.70	84.69
省级优质校	HB025	66.22	81.47	86.40	77.52	98.88	77.23
	HB036	60.40	64.84	84.30	82.09	60.40	68.40
	HB024	62.97	62.24	86.10	79.19	99.18	72.55
	HB008	74.10	83.06	75.77	88.42	95.77	80.67
	HB011	81.53	80.65	88.33	75.09	96.48	82.73
	HB019	67.67	75.90	81.30	61.14	100.00	73.32
	HB029	63.34	61.56	60.40	68.02	100.00	67.04
	HB012	76.05	94.63	94.65	80.36	100.00	85.41
	HB020	62.48	60.40	85.07	74.86	96.67	70.86
	HB021	72.09	82.38	60.40	84.14	96.44	76.88
	HB037	63.44	69.76	74.45	62.93	99.19	69.72
	HB007	77.02	92.48	90.58	81.92	100.00	85.06
	HB023	81.59	66.60	76.98	85.23	100.00	80.53
	HB013	73.36	85.30	78.11	79.65	99.38	80.00
	HB010	88.24	89.18	91.20	71.48	96.44	86.80

注：(1)院校排序不分先后；

(2)表中数值由 min-max 标准化得出，数值仅在这 25 所高职院校的样本中具有相对比较的意义；

(3)表中得分均为标准化后的数值，具体标准化方式可参考第一章第三节。

第三节 学生满意度评价子体系研究

本节拟就学生满意度评价子体系框架及观测维度展开研究，并基于学生满意度评价子体系对湖北省58所高职院校进行比较研究。

一、学生满意度子体系框架及观测维度

我们对学生满意度的评价分为7个二级指标和29个三级指标。详细情况如表2-16所示。

表2-16 学生满意度子体系框架及观测维度

一级指标	二级指标	三级指标
学生满意度	教学服务	专业选择
		教学管理
		教学水平
		实训条件
		智慧校园
		图书资源
	校园文化	校园精神
		校园活动
		校园环境
	资助体系	奖助体系建立及评定制度
		奖助学金覆盖面
		学校资助比例和社会力量资助
	学业就业	专业技能掌握情况
		学生技能大赛获奖
		顶岗实习满意度
		就业指导和服务满意度
		毕业率和就业率

续表

一级指标	二级指标	三级指标
学生满意度	后勤服务	校园设施
		教学设施
		食宿保障
		文体设施
		医疗保障
	日常管理	行政管理
		辅导员工作
		党团工作
		心理咨询
	创新创业	创新创业教育引导工作
		专项资助工作
		创新创业孵化成效

如表 2-16 所示，学生满意度的 7 个二级指标分别为教学服务、校园文化、资助体系、学业就业、后勤服务、日常管理和创新创业。其中教学服务可分为 6 个三级指标，分别为专业选择、教学管理、教学水平、实训条件、智慧校园、图书资源。详细情况如表 2-17 所示。

表 2-17　二级指标教学服务的主要观测点（三级指标）

二级指标	三级指标	评价依据
教学服务	专业选择	个人对于自己专业的挑选和确定。
	教学管理	运用管理科学和教学论的原理与方法，充分发挥计划、组织、协调、控制等管理职能，对教学过程各要素加以统筹，使之有序运行，提高效能的过程。
	教学水平	学校的理论教学、实践教学的能力大小。
	实训条件	学校能够提供校内（外）实习（践）的场所、设施设备、师资、实习（践）教材等。
	智慧校园	指校园的一体化和网络化情况，如一卡通的权限，有无校园网上办事大厅等。
	图书资源	指该高职院校所拥有的线上及线下所有的图书。

校园文化可分为3个三级指标，分别为校园精神、校园活动、校园环境。详细情况如表2-18所示。

表2-18 二级指标校园文化的主要观测点(三级指标)

二级指标	三级指标	评价依据
校园文化	校园精神	校园精神指学校在一定的社会历史条件下，为谋求生存和发展，达到既定的教育目标，而在长期的校园文化创造过程中积淀、整合、提炼出来的，反映学校广大师生员工共同的理想目标、精神信念、文化传统、学术风范和行为准则的价值观念体系和群体意识。
	校园活动	校园活动就是在校园里，由学校或组织举办的面向全校师生涉及文化、娱乐、体育、户外素质的拓展活动及其他相关活动。
	校园环境	校园环境指学生在校学习和活动所处的境况。

资助体系可分为3个三级指标，分别为奖助体系建立及评定制度、奖助学金覆盖面、学校资助比例和社会力量资助。详细情况如表2-19所示。

表2-19 二级指标资助体系的主要观测点(三级指标)

二级指标	三级指标	评价依据
资助体系	奖助体系建立及评定制度	奖助体系建立及评定制度是指以国家奖助学金、国家助学贷款、学费补偿贷款代偿、勤工助学、校内奖助学金、困难补助、伙食补贴、学费减免等多种方式并举的资助政策体系的建立情况，以及评定这些奖助学金的规章制度。
	奖助学金覆盖面	获得奖助学金的人数与学生总人数的比例。
	学校资助比例和社会力量资助	除国家所发放的奖助学金之外，有无企业或个人设立的奖助学金。

学业就业可分为5个三级指标，分别为专业技能掌握情况、学生技能大赛获奖、顶岗实习满意度、就业指导和服务满意度、毕业率和就业率。详细情况如表2-20所示。

表 2-20 二级指标学业就业的主要观测点(三级指标)

二级指标	三级指标	评价依据
学业就业	专业技能掌握情况	学生在实践环节需掌握的技术能力是否达到要求。
	学生技能大赛获奖	在本指标体系中是指在学生技能大赛中,有无老师的指导,有无机制的保障。
	顶岗实习满意度	学生对学校所安排的实践的评价。
	就业指导和服务满意度	学生对学校给予的指导有无帮助的评判。
	毕业率和就业率	毕业率是指当年拿到毕业证的学生占所有学生的比例,就业率则是指该校当年就业人数所占毕业人数的百分比。

后勤服务可分为 5 个三级指标,分别为校园设施、教学设施、食宿保障、文体设施、医疗保障。详细情况如表 2-21 所示。

表 2-21 二级指标后勤服务的主要观测点(三级指标)

二级指标	三级指标	评价依据
后勤服务	校园设施	为供应学生生活学习的需要而建立的场地、设备、建筑等。如活动场地、空调水电等。
	教学设施	为供应学生学习的需要而建立的场地、设备、建筑等。如教室、多媒体和实验室等。
	食宿保障	学生的餐饮、住宿的条件、环境及质量等方面的保障。
	文体设施	为供应学生文化传承和体育锻炼的需要而建立的场地、设备、建筑等。如图书馆和体育场馆等。
	医疗保障	当学生发生医疗问题时可以获得报销补偿的保障。

日常管理可分为 4 个三级指标,分别为行政管理、辅导员工作、党团工作、心理咨询。详细情况如表 2-22 所示。

表 2-22 二级指标日常管理的主要观测点(三级指标)

二级指标	三级指标	评价依据
日常管理	行政管理	行政管理是指运用学校权力对学生事务的一种管理活动。此处主要指党政管理。
	辅导员工作	辅导员工作指学生的思想政治教育、学生日常管理、就业指导、心理健康以及学生党团建设等方面的工作。
	党团工作	党团工作指有关党团教育、指导及党建等工作。
	心理咨询	心理咨询指运用心理学的方法,对心理适应方面出现问题并企求解决问题的求询者提供心理援助的过程。

创新创业可分为 3 个三级指标,分别为创新创业教育引导工作、专项资助工作、创新创业孵化成效。详细情况如表 2-23 所示。

表 2-23 二级指标创新创业的主要观测点(三级指标)

二级指标	三级指标	评价依据
创新创业	创新创业教育引导工作	在学生创新创业过程中是否有学校的机制保障。
	专项资助工作	在学生进行创新创业活动中学校资金的扶持,校内校外办公场所的提供及指导。
	创新创业孵化成效	学生创新创业的成果。

二、湖北省部分高职院校学生满意度比较研究

依据前文所述指标体系及数据处理、评分及赋权方案,同时按照湖北省教育厅公布的《高等职业教育创新发展行动计划(2015—2018 年)》拟认定项目名单,拟推荐国家级优质校 10 所、省级优质校 15 所,我们就上述 25 所高职院校学生满意度得分情况进行汇总,院校排序不分先后。详细情况如表 2-24 所示。

表 2-24　湖北省部分高职院校学生满意度体系得分情况一览

类别	学校	教学服务	校园文化	资助体系	学业就业	后勤服务	日常管理	学生赋分
国家级优质校	HB002	77.37	87.25	91.14	89.95	76.62	66.25	78.98
	HB001	95.98	99.46	81.28	89.96	82.16	72.32	82.49
	HB004	93.12	72.11	77.55	93.84	67.42	66.42	74.86
	HB003	91.85	76.20	89.74	97.21	74.53	68.61	79.92
	HB009	96.50	60.94	78.06	82.11	73.25	68.56	73.91
	HB014	80.74	63.66	77.42	80.06	68.46	65.60	71.06
	HB015	79.38	64.74	78.05	100.00	64.86	67.96	74.88
	HB006	76.75	78.30	78.14	83.13	64.10	77.65	75.42
	HB005	84.21	78.57	67.78	90.94	69.59	70.58	75.03
	HB017	82.18	69.62	77.25	82.30	63.48	63.41	70.12
省级优质校	HB025	73.60	64.74	81.28	87.68	96.60	63.08	79.21
	HB036	75.70	69.62	68.32	82.84	100.00	63.82	78.05
	HB024	79.65	65.28	66.57	81.34	61.89	66.09	68.44
	HB008	78.75	66.57	82.17	83.05	75.09	67.98	74.85
	HB011	83.26	92.40	72.26	78.52	75.92	84.13	80.04
	HB019	77.21	63.11	85.81	78.74	63.63	63.08	69.82
	HB029	72.66	60.40	60.40	91.60	79.52	65.85	73.29
	HB012	86.12	81.56	70.24	80.92	61.92	69.67	71.53
	HB020	73.47	79.93	70.54	90.39	62.91	72.35	73.93
	HB021	80.95	65.82	72.26	81.48	64.17	68.86	70.74
	HB037	68.97	65.82	66.74	80.86	72.12	68.77	71.44
	HB007	93.23	72.20	68.86	87.30	67.60	65.44	72.16
	HB023	75.29	60.94	60.40	79.96	66.57	61.05	66.47
	HB013	79.55	70.37	82.05	82.16	77.05	66.42	75.02
	HB010	82.07	72.88	67.02	88.09	72.02	70.24	74.32

注：(1)院校排序不分先后；

(2)表中数值由 min-max 标准化得出，数值仅在这 25 所高职院校的样本中具有相对比较的意义；

(3)表中得分均为标准化后的数值，具体标准化方式可参考第一章第三节。

如表 2-24 所示，湖北省部分高职院校在教学服务、校园文化、资助体系、后勤服务方面存在差异，其他指标差异不显著。主要原因包括以下几个方面，首先，教学服务评价的影响因素较多且大多需要资金投入，如教学管理、教学水平、实训条件、智慧校园、图书资源等，因此，大多数院校难以做到均衡发展，导致整体得分水平居中，仅少部分资源条件较好的院校发展偏好。同时值得关注的是，教学服务得分偏高的院校大多集中在经济较为发达的武汉地区，可见区域经济发展水平也会在一定程度上影响院校的教学服务。其次，良好的底蕴和院校文化的形成是一个较为漫长的过程，一方面校园文化会受到院校的成立时间的影响，表现出渗透性和传承性，另一方面校园文化是院校的精神环境和文化氛围的体现，涉及校园精神、校园活动、校园环境等，作为院校的一种无形财富，其提升难度较大且漫长，因此院校间的校园文化得分差异会较为显著。再次，院校整体发展实力不一，主要表现为各院校的资金投入程度和资源渠道来源差别较大，因此不同院校的资助体系会在奖助学金金额与覆盖面上差异明显。最后，区域经济的差异造成包括校园设施、教学设施、食宿保障、文体设施、医疗保障等方面在内的后勤服务存在较大的区域性差异。

整体而言，湖北省部分高职院校的学生满意度并不存在着显著性差异，院校的整体得分水平偏低。院校的学生满意度涵盖教学服务、校园文化、资助体系、学业就业、后勤服务、日常管理等方面，从分析的数据来看，由于各院校在学业就业、日常管理等指标上的差异并不显著，因此院校的整体得分差异并不大，但由于在校园文化、后勤服务以及日常管理等指标上的得分偏低，导致 58 所院校整体上的得分水平较低，表现出具有较大提升空间的潜力。

第四节 教师满意度评价子体系研究

本节拟就教师满意度子体系框架及观测维度展开研究，并基于教师满意度子体系对湖北省 58 所高职院校进行比较研究。

一、教师满意度子体系框架及观测维度

我们对教师满意度的评价分为 3 个二级指标和 21 个三级指标。详细情况如表 2-25 所示。

教师满意度的 3 个二级指标分别为保障机制、内涵建设、科研成效与交流合作。其中保障机制可分为 7 个三级指标，分别为薪酬待遇、职称评聘、教学条件与环境、工作成就感、职业规划实施、奖优汰劣机制、师资队伍建设保障。详

细情况如表 2-26 所示。

表 2-25　教师满意度子体系框架及观测维度

一级指标	二级指标	三级指标
教师满意度	保障机制	薪酬待遇
		职称评聘
		教学条件与环境
		工作成就感
		职业规划实施
		奖优汰劣机制
		师资队伍建设保障
	内涵建设	专业建设成就
		课程建设项目
		优秀教学名师比例
		优秀教学团队比例
		各类成果获奖
		校企深度合作成效
	科研成效与交流合作	承担省级人才培养研究基地及项目
		公开出版学术期刊
		人均纵向课题数及质量
		人均横向课题数及经费
		人均论文数及质量
		职业教育国家规划教材出版比例
		访学进修
		培训交流

表 2-26 二级指标保障机制的主要观测点(三级指标)

二级指标	三级指标	评价依据
保障机制	薪酬待遇	教师因向学校提供劳务而获得的各种形式的酬劳。
	职称评聘	教师职称评选。
	教学条件与环境	教师对教学所要求的条件及对教学所要求的环境。
	工作成就感	教师在教学、科研、职称及岗位晋升、社会服务中,愿望与现实达到平衡所产生的成功的感觉。
	职业规划实施	教师对其所承担职务的预期和计划。
	奖优汰劣机制	对于优秀的教师进行奖励,对于教学效果差的教师进行淘汰的一种管理方式。
	师资队伍建设保障	对教师团队及个人各个方面建设的支持。

内涵建设可分为 6 个三级指标,分别为专业建设成就、课程建设项目、优秀教学名师比例、优秀教学团队比例、各类成果获奖、校企深度合作成效。详细情况如表 2-27 所示。

表 2-27 二级指标内涵建设的主要观测点(三级指标)

二级指标	三级指标	评价依据
内涵建设	专业建设成就	高校专业建设所取得的成绩。
	课程建设项目	数字化、资源库等教学资源的建设。
	优秀教学名师比例	优秀教学名师占所有教师的比例。
	优秀教学团队比例	优秀教学团队占所有教学团队的比例。
	各类成果获奖	高校中科研、教学、比赛等获奖的数量。
	校企深度合作成效	学校与企业合作所取得的成果。

科研成效与交流合作可分为 8 个三级指标,分别为承担省级人才培养研究基地及项目、公开出版学术期刊、人均纵向课题数及质量、人均横向课题数及经费、人均论文数及质量、职业教育国家规划教材出版比例、访学进修、培训交流。详细情况如表 2-28 所示。

表 2-28 二级指标科研成效的主要观测点(三级指标)

二级指标	三级指标	评价依据
科研成效与交流合作	承担省级人才培养研究基地及项目	为了加强和保护人才的培养,在高校中遴选并重点建设的专业点。
	公开出版学术期刊	社会上公开出版的接收学术论文及其他科研成果的杂志。
	人均纵向课题数及质量	高校教师平均每人承担的纵向课题项目数及课题质量。
	人均横向课题数及经费	高校教师平均每人承担的横向课题项目数及课题经费。
	人均论文数及质量	高校教师平均每人发表的论文数量及接收论文的期刊的质量。
	职业教育国家规划教材出版比例	出版职业教育国家规划的教材占出版所有教材的比例。
	访学进修	教师为提高自己的水平而进一步学习。
	培训交流	以人员交流或经验交流的形式对教师所实施的培训方式。

二、湖北省部分高职院校教师满意度比较研究

依据前文所述指标体系及数据处理、评分及赋权方案,同时按照湖北省教育厅公布的《高等职业教育创新发展行动计划(2015—2018 年)》拟认定项目名单,拟推荐国家级优质校 10 所、省级优质校 15 所,我们就上述 25 所高职院校教师满意度得分情况进行汇总,院校排序不分先后。详细情况如表 2-29 所示。

表 2-29 湖北省部分高职院校教师满意度体系得分情况一览

类别	学校	保障机制	内涵建设	科研成效	教师赋分
国家级优质校	HB002	91.93	79.68	97.81	90.32
	HB001	100.00	79.08	94.32	88.84
	HB004	77.71	73.65	100.00	88.06
	HB003	87.60	77.86	87.13	83.57
	HB009	94.00	76.40	81.71	80.60
	HB014	85.24	96.16	67.53	80.00
	HB015	83.65	76.93	74.54	76.17
	HB006	85.34	76.22	73.69	75.57
	HB005	83.07	72.12	75.76	74.91
	HB017	82.64	74.51	69.66	72.54

续表

类别	学校	保障机制	内涵建设	科研成效	教师赋分
省级优质校	HB025	94.85	62.52	60.83	64.11
	HB036	89.97	64.38	64.30	66.31
	HB024	89.46	78.77	67.30	73.46
	HB008	86.56	76.11	82.14	80.14
	HB011	86.30	75.67	77.37	77.40
	HB019	85.04	79.70	71.26	75.60
	HB029	84.81	64.80	64.82	66.35
	HB012	84.66	74.39	81.02	78.73
	HB020	84.45	64.29	63.68	65.52
	HB021	83.82	65.59	67.63	68.09
	HB037	83.80	64.77	60.67	64.04
	HB007	82.44	80.92	75.78	78.29
	HB023	80.74	71.35	63.60	67.93
	HB013	77.10	76.95	81.26	79.27
	HB010	74.93	94.50	75.36	82.75

注:(1)院校排序不分先后;

(2)表中数值由 min-max 标准化得出,数值仅在这 25 所高职院校的样本中具有相对比较的意义;

(3)表中得分均为标准化后的数值,具体标准化方式可参考第一章第三节。

如表 2-29 所示,湖北省部分高职院校的保障机制整体水平偏高,多数高职院校评价得分处于平均水平以上。保障机制作为一种为管理活动提供物质和精神条件的机制,其涵盖的方面包括薪酬待遇、职称评聘、教学条件与环境、工作成就感、职业规划实施、奖优汰劣机制、师资队伍建设保障等。高职院校为促进自身长远发展,往往会引进更多优质的教师人才,打造良好的师资团队,进而提高院校教学水平,因此,院校会努力为教师提供良好的教学条件以及精神上和物质上的福利待遇,由此院校的保障机制整体得分水平也随之偏高。

然而,湖北省部分高职院校在内涵建设和科研成效与交流合作两个方面差异较大,且整体水平较低,呈现两极分化的趋势。主要原因包括以下两个方面,一方面，高校的内涵建设涵盖内容较广，包括专业建设成就、课程建设项目、优秀教学名师比例、优秀教学团队比例等方面。由于其是相对于物质形态的外延建设而言的，注重以学生和教师发展为根本，以专业特色打造学科特色，以学科特色铸就学校品牌，院校发展自身内涵建设是一个道阻且长的过程，需要较长时间的完善与积淀。同时，对于发展较为久远、办学水平较高的院校，其优势会表现得更加突出，进而导致出现两极分化的现象。另一方面，相对于普通高等院校培养学术性人才而言，高职教育偏重于培养高等技术应用型人才，因此，在学术和科研方面高职院校的发展会比较局限，发展水平并不高。同时，由于当时的教育政策环境有利于高职院校的发展，一些发展较好的院校会以此为契机追求均衡发展，进而提升自身的科研水平，提高科研产出，导致院校间出现两极分化的现象。

整体而言，湖北省部分高职院校的教师满意度差异显著，整体水平偏低。本节中教师满意度的影响因素包括保障机制、内涵建设、科研成效与交流合作三个方面，三个指标中仅保障机制的整体得分水平偏高，内涵建设和科研成效的得分水平均偏低，这在一定程度上拉低了教师满意度的整体得分水平。

第三章　湖北省高职院校的现状及差异研究

习近平总书记在党的十九大报告中指出，要“深化改革，加快教育现代化，办好人民满意的教育”，高等职业教育作为我国高等教育体系中一种重要的类型，是广大青年打开通往成功、成才大门的重要途径，为经济社会持续健康发展提供了大批人力人才资源保障，同时也在不断满足人民群众对建设美好生活，提高职业技能和学历证书的需要。

本章节基于前一章节的数据分析结论，从湖北省高职教育整体出发，分别从政府认可度、社会认可度、学生满意度和教师满意度四个维度进行比较分析。

第一节　湖北省高等职业教育发展成就

近年来，特别是2014年湖北省颁布《湖北省人民政府关于加快发展现代职业教育的决定》（鄂政发〔2014〕51号）、《湖北省人民政府关于进一步推进职业教育发展的意见》（鄂政发〔2017〕55号）以来，在省委、省政府高度重视和正确领导下，湖北省职业教育以服务发展为宗旨、以促进就业为导向，不断优化统筹规划，不断深化改革，以创新发展行动计划为驱动、以完善内部质量保证体系为手段，经过多方共同努力，湖北职业教育体系更加完善，体制机制改革更加深化，服务发展成效更加彰显，为新时代湖北高质量发展作出了积极贡献。

一、服务经济能力持续提升

（一）增加了技术技能人才供给

高职教育毕业生成为推动经济发展重要来源，根据人才培养状态数据显示，截止到2018年年底，湖北省高职院校共培养高素质技术技能人才43.3万余人，占全国高职人数的5.28%，远高于全国平均水平。2018年，共面向企业、面向社会开展职业技能培训106万人次，有62.19%的学生在本区域就业，主要分布在加工制造、现代物流、信息技术、汽车制造、现代服务业等领域。

(二)增强了技术技能积累创新

职业院校有力地推动了湖北产业提质增效,成为促进现代服务业、现代农业等领域发展的重要引擎。全省 59 所高职院校以校企共建的形式,设立了 113 个应用技术研究所(中心),助推创新驱动发展战略的实施,推动了技术改造创新,促进了产品升级换代;组织开展技术攻关、产品研发和横向课题研究等,加强技术传播、技术推广、技术培训、技术服务、管理咨询。

(三)适应了全省产业发展布局

2018 年,湖北共开设高职院校 59 所,居全国第 6 位。其中,综合院校 25 所,理工院校 23 所,农业院校 1 所,林业院校 1 所,医药院校 1 所,师范院校 1 所,语文院校 1 所,财经院校 2 所,政法院校 2 所,体育院校 1 所,艺术院校 1 所,办学特色进一步丰富。按照区域划分,基本形成了高职院校向全省市州全覆盖的办学布局。2017 年,湖北省第一、第二、第三产业 GDP 占比为 10.3∶44.5∶45.2,而各高职院校开设的与第一、第二、第三产业相关的专业数量占比为 9∶37∶54。专业数量、开设院校以及在校学生规模与全省产业结构基本协调同步。

二、职业教育体系初步形成

(一)优化了职业教育层次结构

近年来,湖北省不断优化职业教育的层次结构,开通人才培养的“直通车”,构筑成长、成才的“立交桥”,建立了两种五年制高职人才培养制度。2018 年,参与“3+2”分段培养和五年一贯制的高职院校与中职学校有 147 所,涉及 238 个专业,共计招生 1.65 万人。同时组织了 10 所高职院校与普通本科院校“3+2”联合培养人才。

(二)丰富了职业教育办学形式

除开展高等职业学历教育之外,全省高校还积极开展多样化的职业教育办学形式。全省高职院校积极推行学历证书与职业资格证的互通,全省 70%以上的职业院校设立了职业技能鉴定机构,使职教毕业生在获得学历证书的同时获得职业资格证书,证书获取率达到 82.55%。各高职院校积极面向社会、企业和在校学生开展职业培训共计 525 万人次,其中社会和企业人次培训占 55.3%。

(三)健全了职教人才选拔制度

在职教人才的选拔方面,湖北省积极建立多样化的招生考试人才选拔制度,拓宽了高中生、中职生、社会人员的求学途径。2018 年,全省全日制高职招生人数18.23万人，其中，基于高考的“知识＋技能”招生2.97万人，占比16.3%；对口招生4965人，占比2.72%；单独考试招生17752人，占比9.74%；综合评价招生979人，占比0.54%；中高职贯通招生10214人，占比5.6%；技能拔尖人才面试招生92人，占比0.05%。

三、职业教育改革不断深化

1.产教融合稳步推进

建设了一批职业教育专业(群)品牌，已立项建设了“湖北船舶工业”、“湖北动漫产业”、“湖北装备制造”等12个湖北职业教育品牌，为相关行业、企业产业链的发展提供了技术技能人力资源支持。对接我省支柱产业、高新技术产业、战略性新兴产业，立项建设了106个国家级重点、特色专业，370个湖北省高等职业教育品牌特色专业。大力推进职业教育集团化办学，由高职院校和中职学校牵头的职教集团达到58个，参与院校495校次，加盟的行业、企业和科研机构1406家。湖北省2017年出台《省教育厅关于进一步规范高等学校校企合作办学有关工作的通知》，促进了校企深度融合。2018年全年合作企业接收高职院校顶岗实习学生136676人，占毕业生的97.9%。全省共有20所高职院校作为教育部试点单位，开展现代学徒制培养试点，22所高职院校成为省级试点单位。

2.治理体系不断完善

全省高职院校积极推进治理能力和治理体系现代化建设，实现依据章程自主管理，截止到2018年，共有36所院校的章程获得了教育厅的核准并有效实施。为落实高职院校质量保证主体的地位和责任，2016年，全省所有高职院校建立了内部质量保证体系，并在此基础上开展了持续性的教学诊断与改进工作。截止到2018年年底，湖北省对8所院校的教学诊断与改进工作进行了复核，复核结论为“有效”。

第二节　基于“人民满意”的湖北省高职院校发展分析

通过湖北省教育科学规划2017年度重大招标课题“湖北省高职教育办学质量评价体系研究”的阶段性成果及其采集的数据进行分析，我们可以从中对目前湖北省高职院校的发展状况进行基本判断。

一、数据得分情况

此次采集的数据共涉及湖北省58所高职院校。指标分为政府认可度、社会认可度、学生满意度、教师满意度四个维度，涉及办学定位、教学服务、社会服务、科研成效等19个二级指标，共收集和整理1287条数据。

（一）一级指标数据情况

评价指标体系通过对每个二级指标赋予一定的权重比例进行综合计算获得一级指标的分数，进而获得每个院校总评成绩。每级指标的分值采取百分制计算，最终四个一级指标分值由高到低排列依次为：政府认可度、社会认可度、学生满意度、教师满意度。

（二）二级指标分布情况

在19个二级指标中，得分排序前五位的指标依次为："用人单位"、"依法治校"、"保障机制"、"立德树人"和"学业就业"。通过分析每一项二级指标达到平均分数院校比例的数据，排列前五位的指标依次为："用人单位"、"学业就业"、"条件保障"、"保障机制"和"招生情况"。而在四个一级指标中排列首位的二级指标分别为："依法治校"（政府认可度）、"学业就业"（学生满意度）、"用人单位"（社会认可度）、"保障机制"（教师满意度）。

二、院校数据分类反馈情况

研究团队按照三种不同的类型将58所院校的平均数据进行分析，从分析结果可以初步看出不同类型的学校在发展过程中的优势和不足各有不同，存在差异化的特点。

（一）按学校类型划分

研究团队将学校划分为国家级示范（骨干）院校、省级示范院校和一般院校，具体二级指标平均得分排名如表3-1所示。

表3-1 不同类型职业院校二级指标平均得分排行表

学校类型	排名前5位二级指标	排名后5位二级指标
国家级示范（骨干）院校	1.用人单位 2.招生情况 3.条件保障 4.学校荣誉 5.保障机制	1.办学定位 2.校园文化 3.资助体系 4.内涵建设 5.日常管理

续表

学校类型	排名前5位二级指标	排名后5位二级指标
省级示范院校	1. 用人单位 2. 立德树人 3. 条件保障 4. 保障机制 5. 依法治校	1. 内涵建设 2. 科研成效 3. 校园文化 4. 日常管理 5. 后勤服务
一般院校	1. 用人单位 2. 依法治校 3. 保障机制 4. 立德树人 5. 学业就业	1. 校园文化 2. 内涵建设 3. 科研成效 4. 日常管理 5. 社会服务

其中，省级示范院校在“立德树人”和“依法治校”两个指标中得分超过国家示范（骨干）院校，但是在“校园文化”和“后勤服务”两个指标中得分低于一般院校。

（二）按学校性质划分

研究团队将学校划分为公办院校和民办院校，具体二级指标平均得分排名如表3-2所示。

表3-2　不同性质职业院校二级指标平均得分排行表

学校类型	排名前5位二级指标	排名后5位二级指标
公办院校	1. 用人单位 2. 保障机制 3. 依法治校 4. 条件保障 5. 立德树人	1. 后勤服务 2. 内涵建设 3. 社会服务 4. 校园文化 5. 日常管理
民办院校	1. 用人单位 2. 立德树人 3. 依法治校 4. 招生情况 5. 学业就业	1. 产教融合 2. 日常管理 3. 内涵建设 4. 科研成效 5. 社会服务

（三）按学校举办者划分

研究团队将学校划分为政府举办院校、行业举办院校和企业举办院校，具体二级指标平均得分排名如表 3-3 所示。

表 3-3　不同举办者职业院校二级指标平均得分排行表

学校类型	排名前 5 位二级指标	排名后 5 位二级指标
政府举办院校	1. 用人单位 2. 保障机制 3. 依法治校 4. 条件保障 5. 招生情况	1. 内涵建设 2. 社会服务 3. 校园文化 4. 后勤服务 5. 日常管理
行业举办院校	1. 用人单位 2. 依法治校 3. 立德树人 4. 保障机制 5. 条件保障	1. 科研成效 2. 社会服务 3. 资助体系 4. 内涵建设 5. 日常管理
企业举办院校	1. 用人单位 2. 立德树人 3. 招生情况 4. 依法治校 5. 学业就业	1. 产教融合 2. 日常管理 3. 内涵建设 4. 科研成效 5. 社会服务

其中，行业举办院校在“立德树人”指标中得分超过政府举办院校，企业举办院校在“用人单位”、“招生情况”和“学业就业”三个指标中得分超过行业举办院校；政府举办院校在“后勤服务”和“日常管理”两个指标中得分低于行业举办院校，行业举办院校在“资助体系”和“日常管理”两个指标中得分低于企业举办院校。

三、整体数据反馈的主要不足

在全部 19 个二级指标数据中，一共有 10 个指标数据低于平均得分，且在 4 个一级指标中均有分布，客观上反映出湖北省高职院校人才培养工作目前存在的一些不足。

①“办学定位”与湖北省经济社会发展的契合度还有待提高，国际交流与合

作需要全面拓展。在“社会满意”维度数据中，仅有“办学定位”这一指标排名靠后，反映出职业院校在宏观办学指导思想、学院事业发展规划等方面与湖北省区域经济发展的适应度和契合度方面还存在一定问题，专业对接产业发展紧密度还不够，专业服务产业发展能力还不足。

②“产教融合”程度不深，学校和产业对接不够紧密，校企合作形式比较单一，深度和广度明显不足，职教集团的建设相对停滞，发挥作用不够明显。“社会声誉”方面没有得到高度认可，媒体对职业教育的整体宣传报道还不足，职业院校的社会美誉度需要进一步提高。数据显示，湖北省职业院校整体“社会服务”在所有二级指标的得分排序中列在最后一位，学校为企业、行业、社会提供技术服务的项目不多，社会培训力度也不足。同时，这也与湖北地区高校和研究所分布较为密集、高新企业分布较广的区域经济特点有关。职业院校如何在众多高校中突出自身的服务特点，明确区域、行业以及服务定位是需要迫切解决的问题。

③学生对“日常管理”、“后勤服务”的满意度不高，主要体现在辅导员思想政治教育、就业指导、心理健康教育方面，这些方面的工作要加强，校园设施、教学设施需要进一步更新以满足教育教学和学生活动的需要。学生对“资助体系”的不满意主要是因为企业参与校园资助体系的建设不足。从数据中还反映出湖北高职院校的“校园文化”建设在教育教学中的作用较弱，学校人文氛围的营造、校园活动的开展、学生社团的建设还不能满足学生成长要求。

第三节　基于“人民满意”视角湖北省 58 所高职院校整体比较分析

2019 年 5 月 20 日，湖北省教育厅公布了《高等职业教育创新发展行动计划(2015—2018 年)》(以下简称行动计划)，该行动计划参照了教育部、财政部双高项目遴选管理办法的有关标准，从经费投入、办学条件、服务贡献、内涵建设、标志性成果等五个方面，制定了优质高职院校认定的 40 条量化指标体系来对湖北省高职院校整体办学水平进行评价，并征求了全省各高职院校的意见，遴选出了 10 所国家级优质校和 15 所省级优质校。鉴于我们采用的评价指标体系与其存在本质差异，因而我们以其结论作为参照系，将湖北省 58 所高职院校分为三类展开比较分析，这 58 所高职院校分别是国家级优质校 10 所、省级优质校 15 所以及普通高职院校 33 所。

一、政府认可度整体比较分析

(一)国家级优质校比较

在办学定位方面,从图 3-1 中可以看出 10 所国家级优质校的办学定位异质性显著,整体排名介于第 1 名到第 38 名之间。办学定位的观测指标包括办学主体、办学规模、办学层次和类别、发展定位、国际交流等五个方面。办学定位得分排名靠前的院校其地域分布均位于武汉。由于武汉有着更加丰富的资源,这为该地区院校的发展提供了机遇,同时在办学规模、办学层次和类别、发展定位方面,不同地区也会存在较大差异。因此,以上影响因素的共同作用使得 10 所国家级优质校在办学定位方面存在异质性显著的情况。

在依法治校方面,由图 3-1 可知 10 所国家级优质校在该指标上异质性显著,整体排名介于第 2 名到第 43 名之间。依法治校的观测指标包括领导体制和运行机制、学校章程、规范办学、内部质量保证体系、有无重大违规违纪情况等五个方面。由于院校类型不同,地方政策不一致,领导人员存在差异性等均会影响领导体制和运行机制、学校章程以及内部质量保证体系,因此,依法治校的异质性显著。

在立德树人方面,由图 3-1 可知 10 所国家级优质校在该指标上异质性十分显著,整体排名介于第 4 名到第 53 名之间,存在较大跨度。立德树人包括“三全育人”工作、“五个”思政、思政教师比例、辅导员配备情况、综合素质培养体系、校风教风学风建设等六个方面。由于院校分布地区的不同,师资力量存在差异,进而导致院校在辅导员配置情况、综合素质培养体质等方面存在较大差异,致使立德树人的异质性显著。

在条件保障方面,由图 3-1 可知 10 所国家级优质校在该指标上异质性不显著,9 所院校整体排名介于第 1 名到第 18 名之间,仅有 1 所学院排名偏后。条件保障主要包括学校区域优势、基础能力建设、生均拨款、专项投入及其他经费等四个方面。国家对这些院校的拨款额度差异不大,高职院校的基础能力建设也就没有太大的区别,所以条件保障异质性不显著。

在学校荣誉方面,由图 3-1 可知 10 所国家级优质校在该指标上异质性不显著,整体排名介于第 2 名到第 26 名之间。学校荣誉主要包括国家级荣誉,省级荣誉,部门、行业和地市级荣誉等三个方面。作为国家级优质校,这些高职院校在国家级荣誉的获取方面差异不明显,所以学校荣誉异质性不显著。

综上所述,就政府认可度整体比较而言,可以看出 10 所国家级优质校在政府认可度上总体得分异质性不显著,整体排名介于第 1 名到第 27 名之间,有 7 所

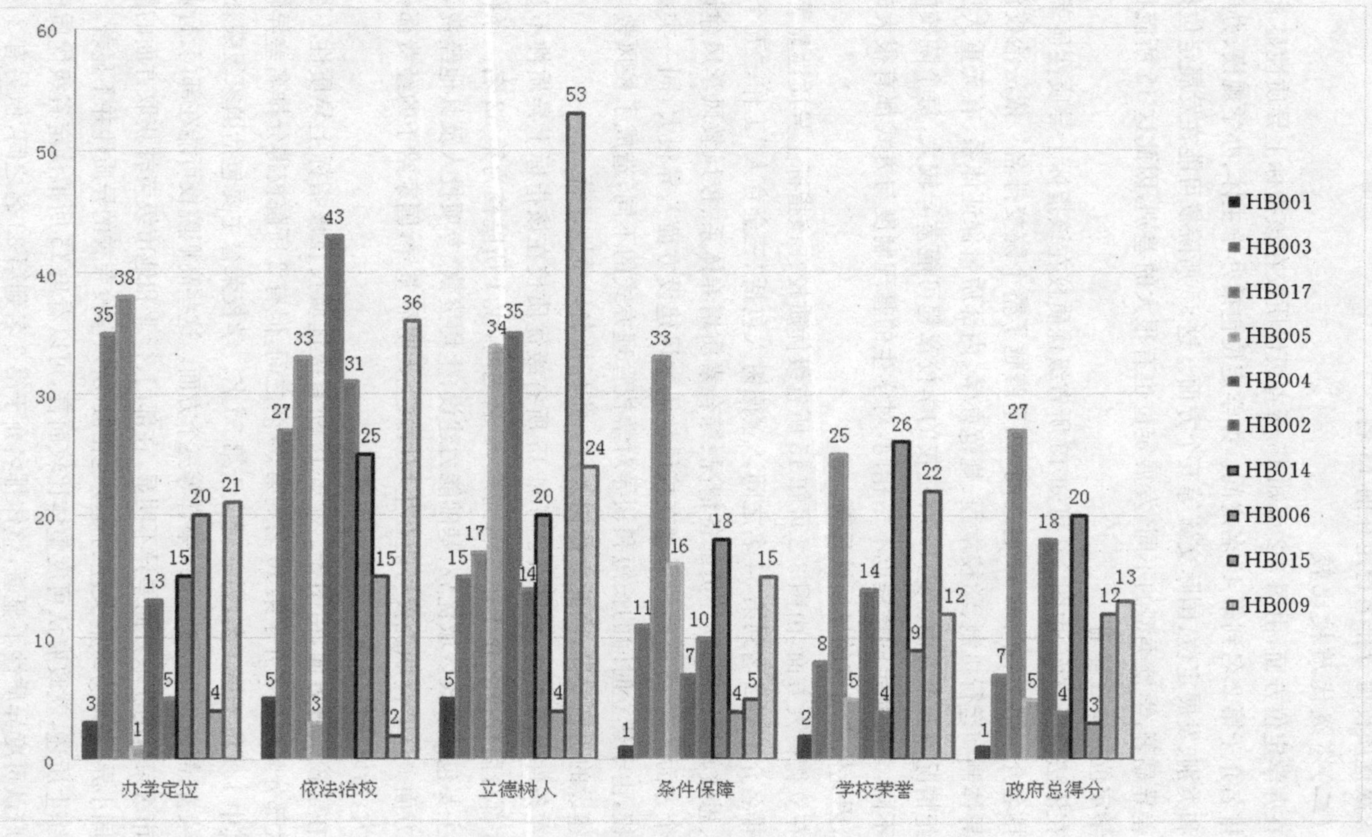

图3-1　湖北省10所国家级优质校的“政府认可度”排名统计

所国家级优质校得分排名稳定在前 13 名。

（二）省级优质校比较

在办学定位方面，由图 3-2 可知 15 所省级优质校在该指标上异质性显著，整体排名介于第 2 名到第 45 名之间。办学定位包括办学主体、办学规模、办学层次和类别、发展定位、国际交流等五个方面。这 15 所院校可能在发展定位指标上差异显著，学校类型的不同，发展定位也有很大的差别，因此这 15 所院校的办学定位异质性显著。

在依法治校方面，由图 3-2 可知 15 所省级优质校在该指标上异质性显著，整体排名介于第 1 名到第 54 名之间，几乎跨越了整个院校排名。依法治校包括领导体制和运行机制、学校章程、规范办学、内部质量保证体系、有无重大违规违纪情况等五个方面。这 15 所院校的学校章程可能差异较大，每个院校的定位不同，学院制定的章程也不尽相同，对学生的管理制度与方式都有很大的差异，因此依法治校的异质性显著。

在立德树人方面，由图 3-2 可知 15 所省级优质校在该指标上异质性显著，整体排名介于第 2 名到第 54 名之间。立德树人包括“三全育人”工作、“五个”思政、思政教师比例、辅导员配备情况、综合素质培养体系、校风教风学风建设等六个方面。这 15 所院校可能在校风教风学风建设方面差异很大，同一类型的学校，由于建立时间的长短和领导对学校管理方式的不同，造成了校风教风学风建设的明显差异，因此立德树人这一指标排名异质性显著。

在条件保障方面，由图 3-2 可知 15 所省级优质校在该指标上异质性不显著，大部分院校排名介于第 2 名到第 37 名之间，仅 1 所院校为第 52 名。条件保障主要包括学校区域优势、基础能力建设、生均拨款、专项投入及其他经费等四个方面。这些高职院校可能在生均拨款上无明显差异，国家给予的经费都相差不大，所以条件保障异质性不显著。

在学校荣誉方面，由图 3-2 可知 15 所省级优质校在该指标上异质性不显著，大部分院校排名介于第 10 名到第 36 名之间，但有 2 所院校得分排名差异较大，其中 1 所位于第 1 名，另一所位于第 50 名。学校荣誉主要包括国家级荣誉，省级荣誉，部门、行业和地市级荣誉等三个方面。这些高职院校可能在部门、行业和地市级荣誉的获取方面差异不明显，在部门、行业和地市级荣誉获取方面的能力大同小异，被地方政府关注的程度也相似，所以学校荣誉的异质性并不显著。

综上所述，就政府认可度整体比较而言，可以看出 15 所拟认定省级优质校的政府认可度异质性不显著，整体排名介于第 2 名到第 33 名之间，但另有 2 所院校分别位于第 41 名和第 44 名。

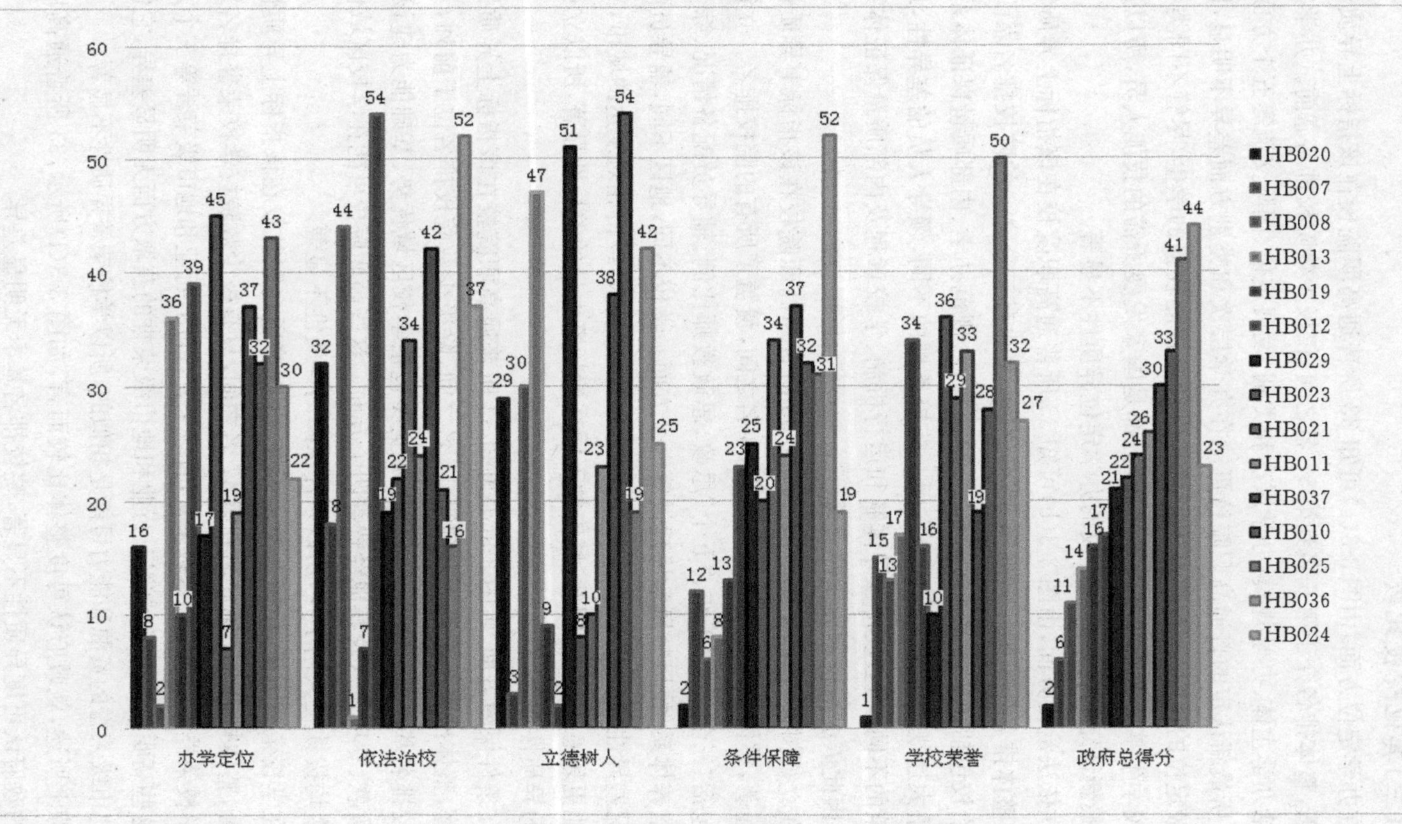

图 3-2　湖北省 15 所省级优质校的"政府认可度"排名统计

(三)其他院校比较

在办学定位方面,由图3-3(a)可知33所普通高职院校在该指标上异质性不显著,整体排名介于第6名到第57名之间,仅极少数院校排名靠前。办学定位包括办学主体、办学规模、办学层次和类别、发展定位、国际交流等五个方面。这33所最新认定的普通高职院校可能在办学层次和类别方面差异不明显,同属一般定位的高职院校,都是为了培养出专业技能较强的学生,尽管不同类型的院校学生掌握的专业技能不一样,但都是国家发展所需的技能人员,所以这33所最新认定的普通高职院校的办学定位异质性不显著。

在依法治校方面,由图3-3(b)可知33所普通高职院校在该指标上异质性显著,整体排名介于第4名到第58名之间,大约有三分之一的院校排名靠前。依法治校包括领导体制和运行机制、学校章程、规范办学、内部质量保证体系、有无重大违规违纪情况等五个方面。院校类型的不同,领导人员的差异性,地方政策的不同,均会使得领导体制和运行机制、学校章程及内部质量保证体系不同,因此依法治校的异质性显著。

在立德树人方面,由图3-3(c)可知33所普通高职院校在该指标上异质性十分显著,整体排名介于第1名到第58名之间,覆盖了所有的院校排名。立德树人包括"三全育人"工作、"五个"思政、思政教师比例、辅导员配备情况、综合素质培养体系、校风教风学风建设等六个方面。学校不同,地区不同,辅导员配备情况差异性极为显著,地区对学校师资的影响极大,经济相对发达的城市,人们可能更乐意去就业,因此,城市的不同造就师资力量的差异性显著,所以立德树人的异质性显著。

在条件保障方面,由图3-3(d)可知33所普通高职院校在该指标上异质性不显著,整体排名介于第3名到第44名之间,除极少数院校排名位于前列,其他院校排名基本差异很小。条件保障主要包括学校区域优势、基础能力建设、生均拨款、专项投入及其他经费等四个方面。这些高职院校可能在学校区域优势和生均拨款上大同小异,所以条件保障的异质性不显著。

在学校荣誉方面,由图3-3(e)可知33所普通高职院校在该指标上异质性不显著,整体排名介于第3名到第47名之间,只有极少数院校学校荣誉排名靠前。学校荣誉主要包括国家级荣誉,省级荣誉,部门、行业和地市级荣誉等三个方面。这些高职院校可能在部门、行业和地市级荣誉的获取方面无明显差异,它们获取地市级荣誉的资源和能力可能是相似的,所以学校荣誉异质性不显著。

综上所述,就政府认可度整体比较而言,如图3-3(f)所示,33所普通高职院校的政府认可度异质性不显著,院校排名基本无明显差异。

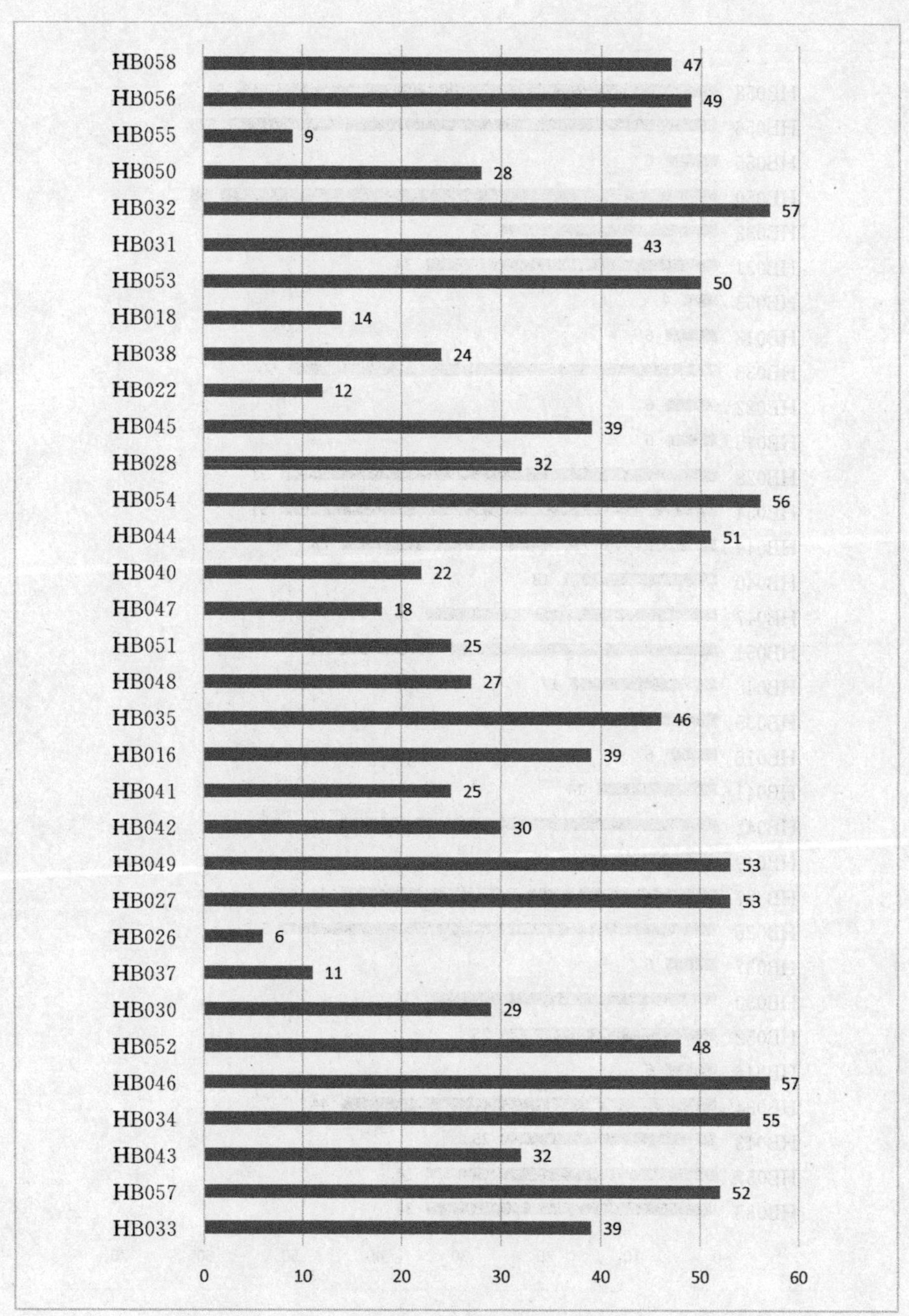

图 3-3(a)　湖北省 33 所普通高职院校的“办学定位”排名统计

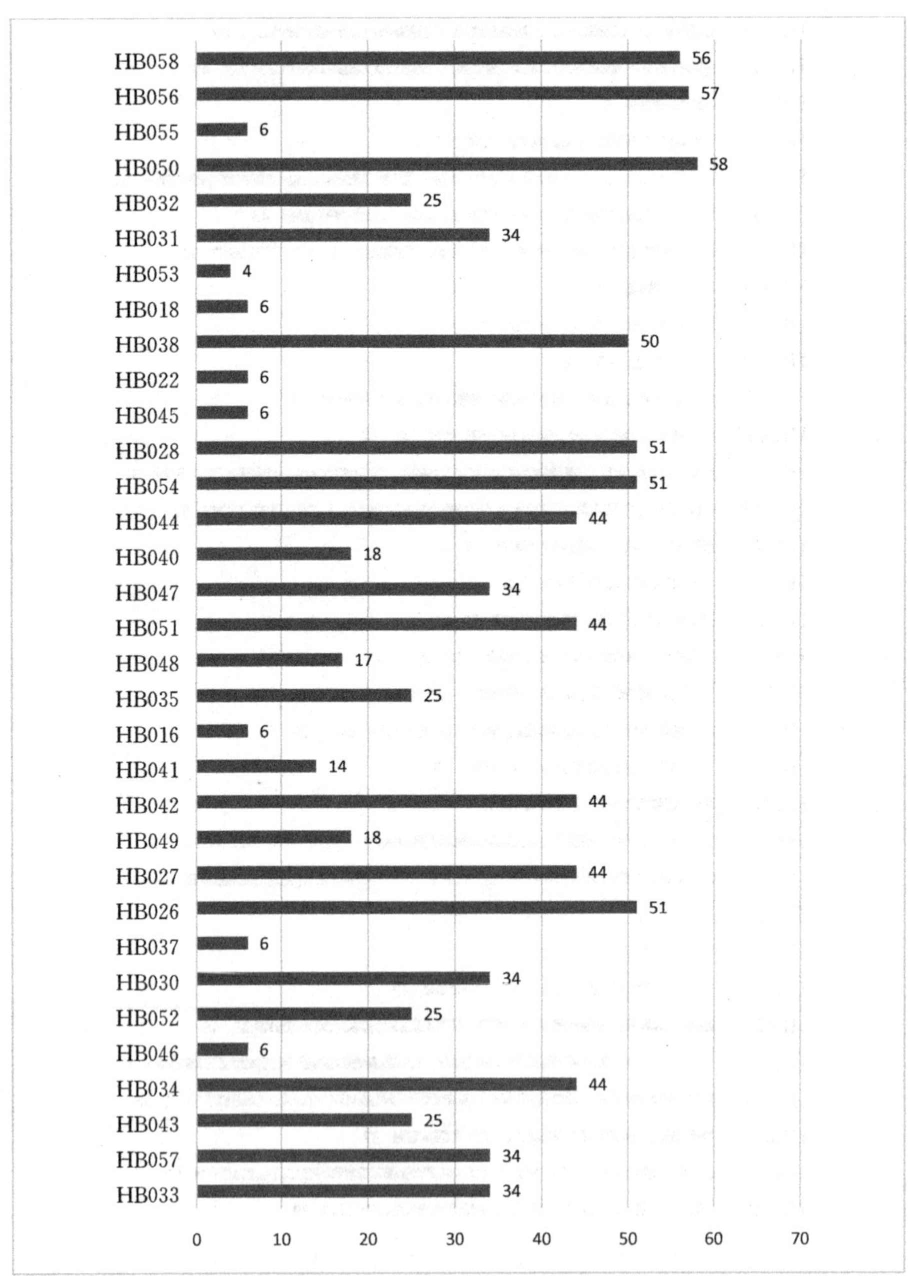

图 3-3(b) 湖北省 33 所普通高职院校的“依法治校”排名统计

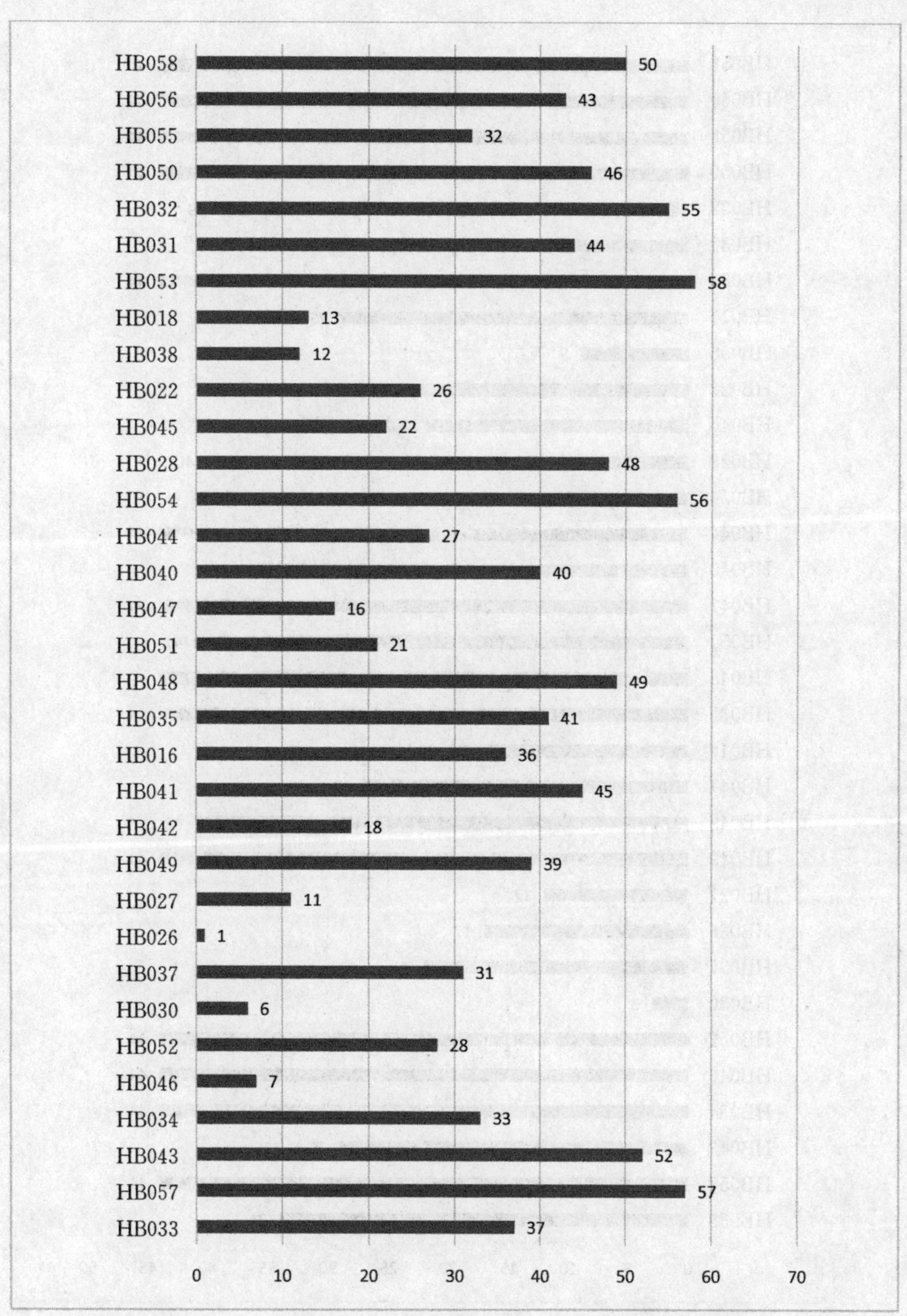

图 3-3(c)　湖北省 33 所普通高职院校的“立德树人”排名统计

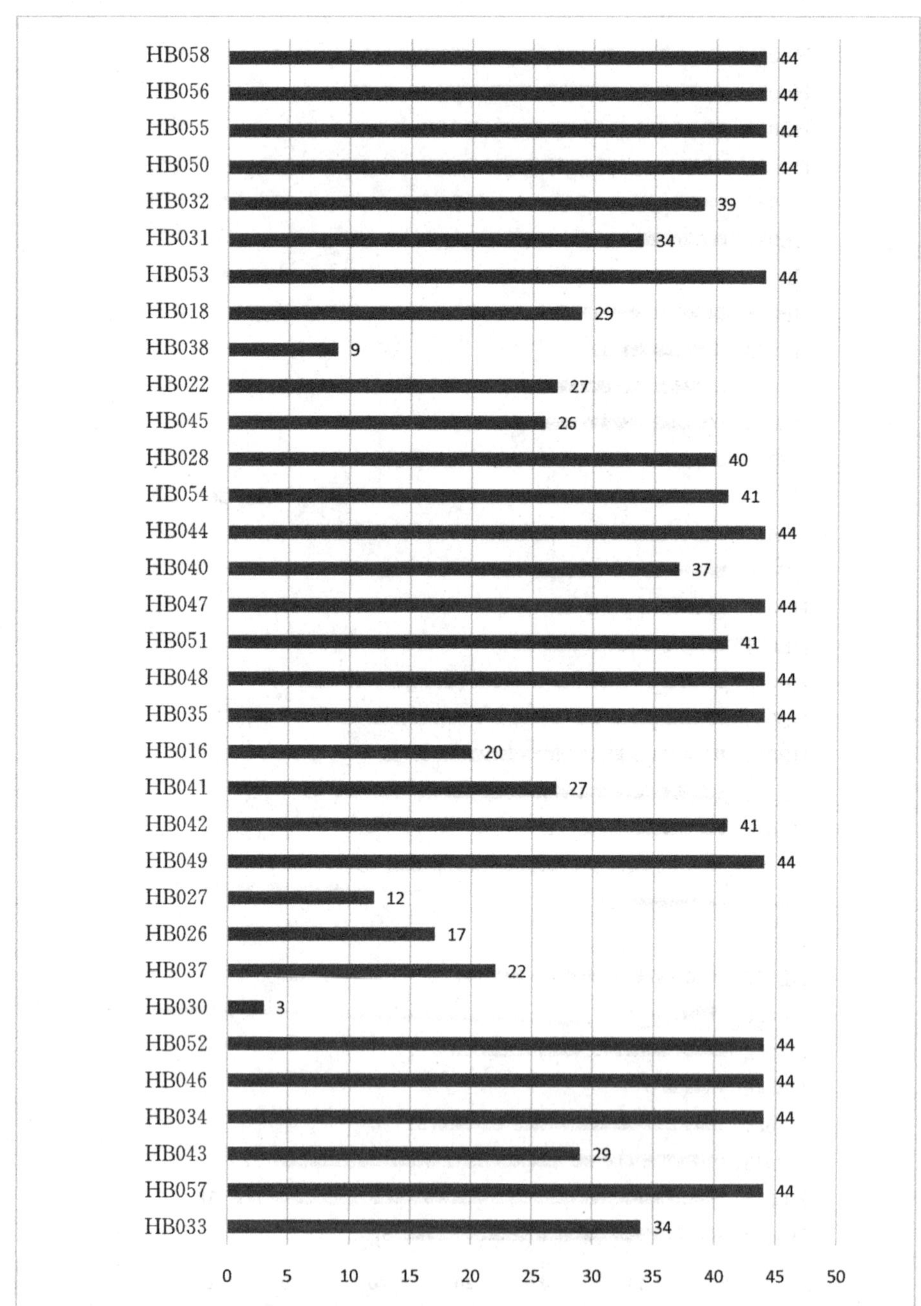

图 3-3(d)　湖北省 33 所普通高职院校的"条件保障"排名统计

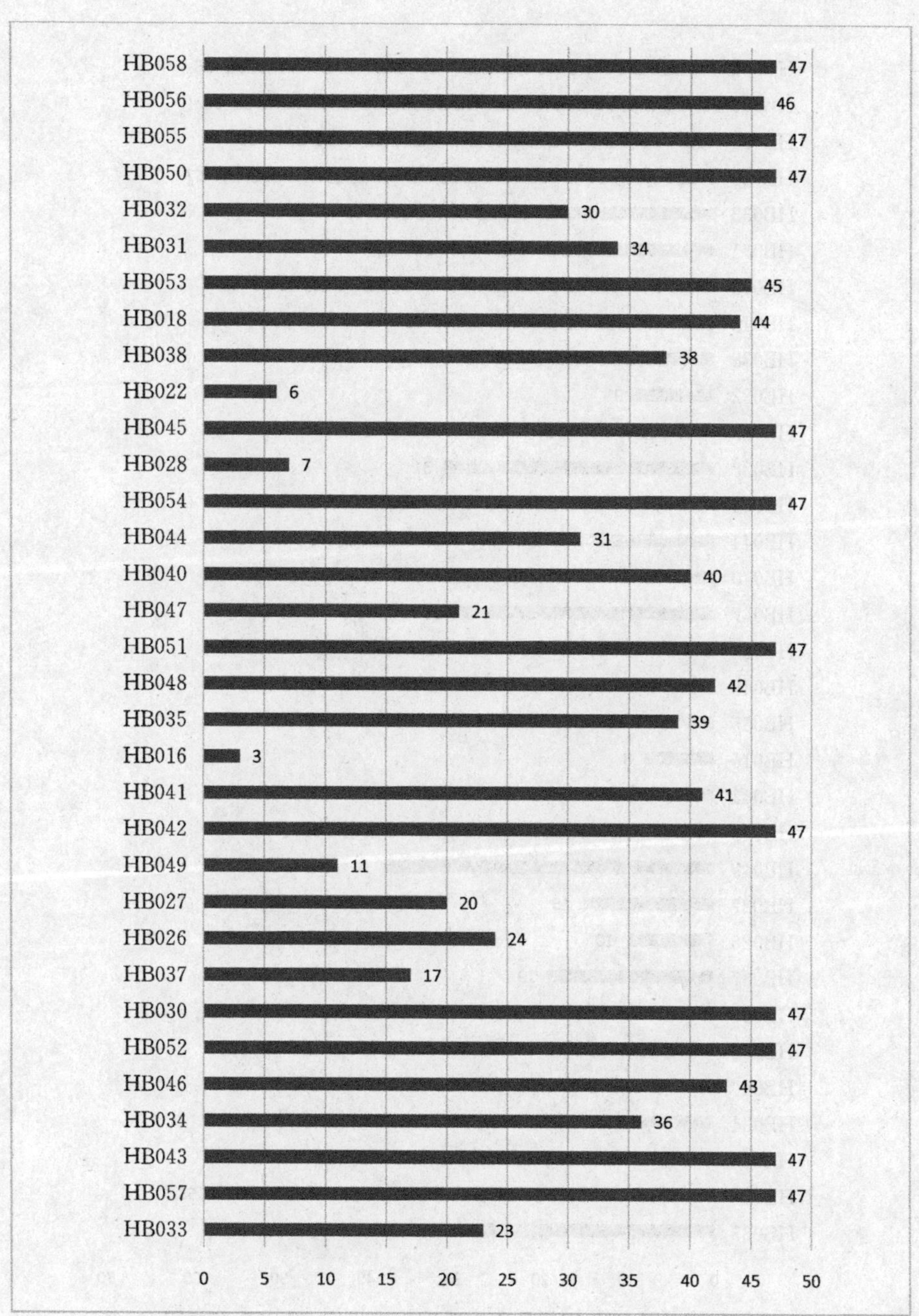

图 3-3(e)　湖北省 33 所普通高职院校的“学校荣誉”排名统计

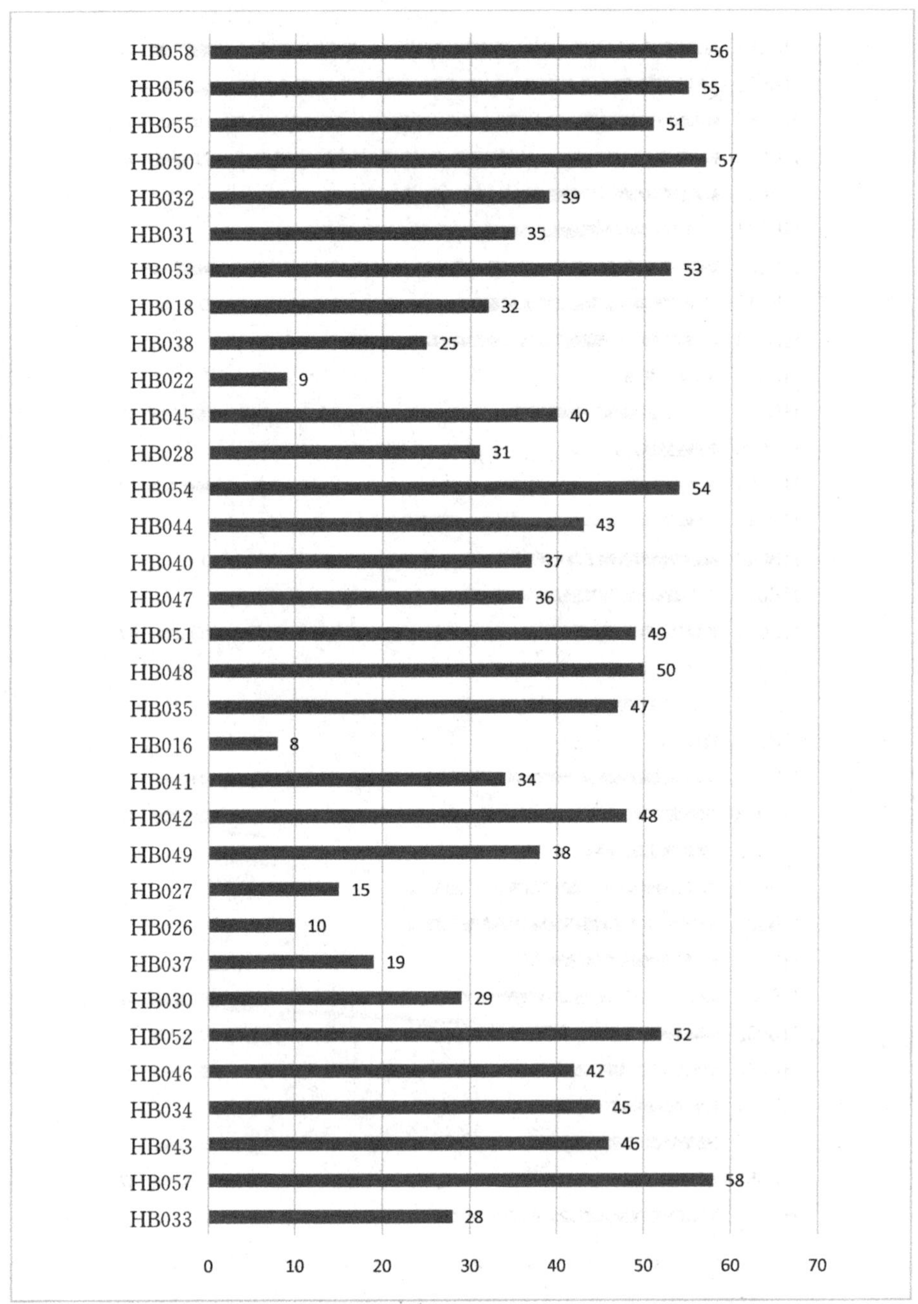

图 3-3(f) 湖北省 33 所普通高职院校的"政府认可度"排名统计

二、社会认可度整体比较分析

（一）国家级优质校比较

在社会服务方面，如图3-4所示，10所国家级优质校在该指标上的异质性不显著，排名介于第1名到第15名之间。社会服务包括社会培训、社区教育、服务贫困地区、服务区域经济建设和社会发展等四个方面。这10所国家级优质校可能在服务区域经济建设和社会发展方面差异不明显，对当地经济的促进作用相似，政府能够提供的优势资源也可能相差不大，所以社会服务的异质性不显著。

在产教融合方面，如图3-4所示，10所国家级优质校在该指标上的异质性显著，排名介于第1名到第31名之间。产教融合包括专业对接企业深度和广度、职教集团建设及作用发挥情况、现代学徒制试点及成效、生产性实训基地建设、校外实训基地建设、校企师资互聘、参与行业相关委员会情况等七个方面。这10所国家级优质校可能在专业对接企业深度和广度及校企师资互聘等方面差异较大，因为每个学校的侧重点与关注点有所不同，导致学校对企业的关注度不同。因此，产教融合的异质性显著。

在招生情况方面，如图3-4所示，10所国家级优质校在该指标上的异质性不显著，大部分院校排名介于第1名到第13名之间，仅1所学院位于第28名。招生情况包括招生计划完成情况、新生报考数、新生报到率、家长满意度等四个方面。这10所国家级优质校的招生计划完成情况与新生报考数的差异不大，这些院校的招生计划完成情况在一定程度上是相似的，他们面对的生源质量差异不大，可选择的生源质量相比较而言较为稳定，都是高职院校，学生的报考数量也无很大差别，所以在招生情况这个指标上异质性不显著。

在社会声誉方面，如图3-4所示，10所国家级优质校在该指标上的异质性显著，排名介于第1名到第27名之间。社会声誉包括大众媒体影响力、自媒体影响力、社会评价、杰出校友等四个方面。这10所国家级优质校在大众媒体影响力与杰出校友方面差异可能较大。不同院校之间，在大众媒体影响力这个指标上是不同的，并不是所有的院校都会注重这个指标的建立，培养出专业技能强的学生是这些院校的培养目标，同时学校等级的差异会导致杰出校友数量的不同，对社会的影响也不一样，所以在社会声誉这个指标上异质性显著。

在用人单位方面，如图3-4所示，10所国家级优质校在该指标上的异质性显著，排名介于第17名到第47名之间。用人单位包括思想品德、职业素养、综合素质、专业技能等四个方面。这10所国家级优质校可能在综合素质方面排名都比较靠后，高职院校培养的是专业技能强的学生，可能没注重学生综合素

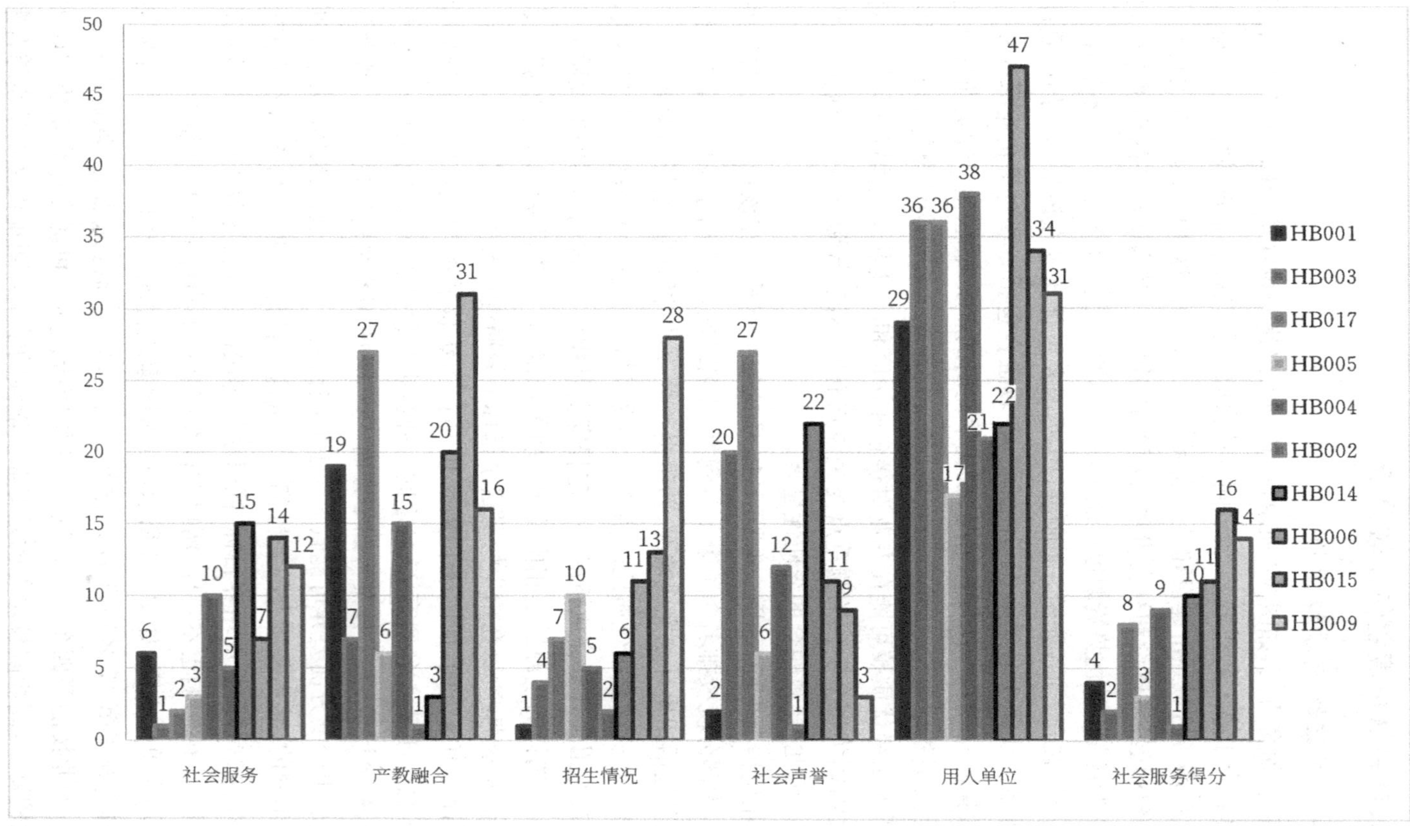

图3-4 湖北省10所国家级优质校的“社会认可度”排名统计

质的培养，学校类型的专一性造成了综合素质得分偏低，因此在用人单位这个指标上异质性显著。

综上所述，就社会认可度整体而言，如图 3-4 所示，10 所国家级优质校在该指标上的异质性不显著，排名介于第 1 名到第 16 名之间，院校间得分差异较小。

（二）省级优质校比较

在社会服务方面，如图 3-5 所示，15 所省级优质校在该指标上的异质性不显著，大部分院校排名介于第 4 名到第 33 名之间，仅一所院校排名位于第 44 位。社会服务包括社会培训、社区教育、服务贫困地区、服务区域经济建设和社会发展等四个方面。这 15 所拟认定的省级优质校可能在社会培训与社区教育方面的差异不显著，所以社会服务的异质性不显著。

在产教融合方面，如图 3-5 所示，15 所省级优质校在该指标上的异质性显著，排名介于第 2 名到第 58 名之间，几乎横跨整个院校排名。产教融合包括专业对接企业深度和广度、职教集团建设及作用发挥情况、现代学徒制试点及成效、生产性实训基地建设、校外实训基地建设、校企师资互聘、参与行业相关委员会情况等七个方面。这 15 所拟认定的省级优质校可能在生产性实训基地建设方面差异较大，每个院校的社会资源是不同的，学生能得到的实习机会也不一样，因此，产教融合的异质性显著。

在招生情况方面，如图 3-5 所示，15 所省级优质校在该指标上的异质性显著，排名介于第 3 名到第 55 名之间，院校排名范围较广。招生情况包括招生计划完成情况、新生报考数、新生报到率、家长满意度等四个方面。这 15 所拟认定的省级优质校可能在家长满意度上有明显差异，每个家长对自己孩子的定位可能不同，对孩子的期望也有所差别，因此家长对学校满意度的差异显著。所以在招生情况这个指标上异质性显著。

在社会声誉方面，如图 3-5 所示，15 所省级优质校在该指标上的异质性不显著，大部分院校排名介于第 4 名到第 34 名之间，仅两所院校的排名分别较为靠后，分别是第 47 名和第 56 名。社会声誉包括大众媒体影响力、自媒体影响力、社会评价、杰出校友等四个方面。15 所拟认定的省级优质校在社会评价方面差异可能不明显，社会对中等层次院校的评价也倾向于一致。因此，在社会声誉这个指标上异质性不显著。

在用人单位方面，如图 3-5 所示，15 所省级优质校在该指标上的异质性显著，排名介于第 1 名到第 50 名之间。用人单位包括思想品德、职业素养、综合素质、专业技能等四个方面。这 15 所拟认定的省级优质校可能在专业技能方面差异明显，不同院校的学生，培养的专业技能有很大的差异，学生掌握的专业

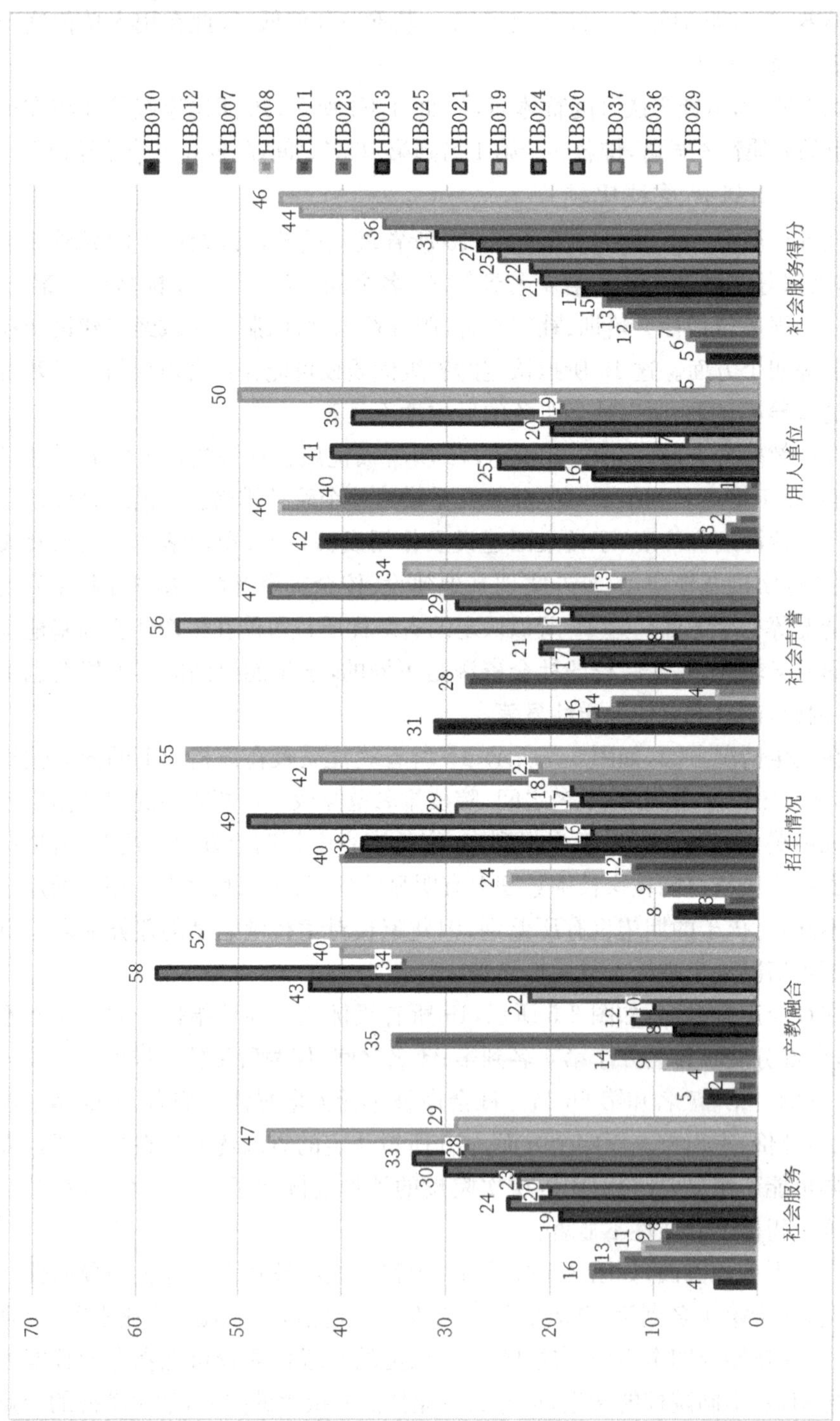

图3-5 湖北省15所省级优质校的“社会认可度”排名统计

技能在很大程度上也可能不同，因此在用人单位这个指标上异质性显著。

综上所述，就社会认可度整体而言，如图 3-5 所示，15 所省级优质校在该指标上的异质性不十分显著，大部分院校排名介于第 5 名到第 36 名之间，仅两所院校的排名靠后，分别是第 44 名和第 46 名，院校间得分差异较小。

（三）其他院校比较

在社会服务方面，如图3-6(a)所示，33所普通高职院校在该指标上的异质性不显著，整体排名介于第17名到第47名之间。社会服务包括社会培训、社区教育、服务贫困地区、服务区域经济建设和社会发展等四个方面。这33所普通高职院校可能在服务区域经济建设和社会发展方面差异不明显，等级相似的院校对社会经济发展的促进作用大同小异，所输出的学生质量也不尽相同，所以社会服务的异质性不显著。

在产教融合方面，如图 3-6(b)所示，33 所普通高职院校在该指标上的异质性不显著，整体排名介于第 11 名到第 57 名之间。产教融合包括专业对接企业深度和广度、职教集团建设及作用发挥情况、现代学徒制试点及成效、生产性实训基地建设、校外实训基地建设、校企师资互聘、参与行业相关委员会情况等七个方面。这 33 所普通高职院校在校企师资互聘等方面可能差异较小，学校等级相似，所能对接的企业也具有很高的相似性，导致产教融合的异质性不显著。

在招生情况方面，如图3-6(c)所示，33所普通高职院校在该指标上的异质性不显著，整体排名介于第14名到第49名之间。招生情况包括招生计划完成情况、新生报考数、新生报到率、家长满意度等四个方面。这33所最普通高职院校在家长满意度上可能有差异但不明显，所以在招生情况这个指标上异质性不显著。

在社会声誉方面，如图 3-6(d)所示，33 所普通高职院校在该指标上的异质性不显著，整体排名介于第 5 名到第 58 名之间，仅少数院校位于前 25 名。社会声誉包括大众媒体影响力、自媒体影响力、社会评价、杰出校友等四个方面。这 33 所普通高职院校在杰出校友方面可能不存在明显差异，高职院校的杰出校友理论上是相似性很高的，所以在社会声誉这个指标上异质性不显著。

在用人单位方面，如图 3-6(e)所示，33 所普通高职院校在该指标上的异质性显著，整体排名介于第 4 名到第 50 名之间。用人单位包括思想品德、职业素养、综合素质、专业技能等四个方面。这 33 所普通高职院校在职业素养方面可能差异明显，不同院校对学生职业素养的培养是不一样的，学校为学生制定的培养方案也不同，导致学生的职业素养会存在很大差异。因此在用人单位这个指标上异质性显著。

综上所述，就社会认可度整体而言，如图 3-6(f)所示，33 所普通高职院校在该指标上的异质性不显著，排名介于第 18 名到第 58 名之间，大多数院校得分排名偏后，院校间得分差异较小。

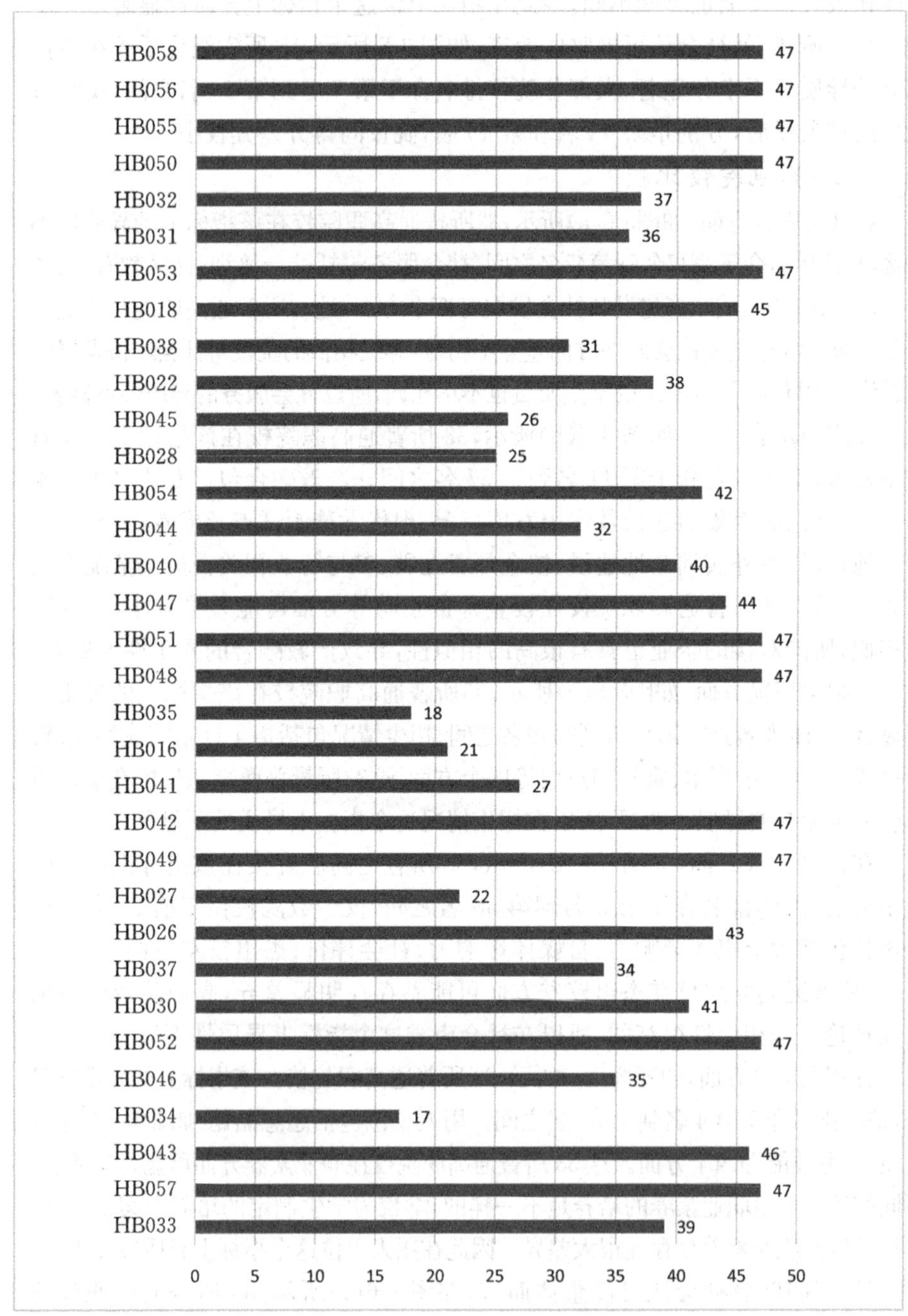

图 3-6(a) 湖北省 33 所普通高职院校的"社会服务"排名统计

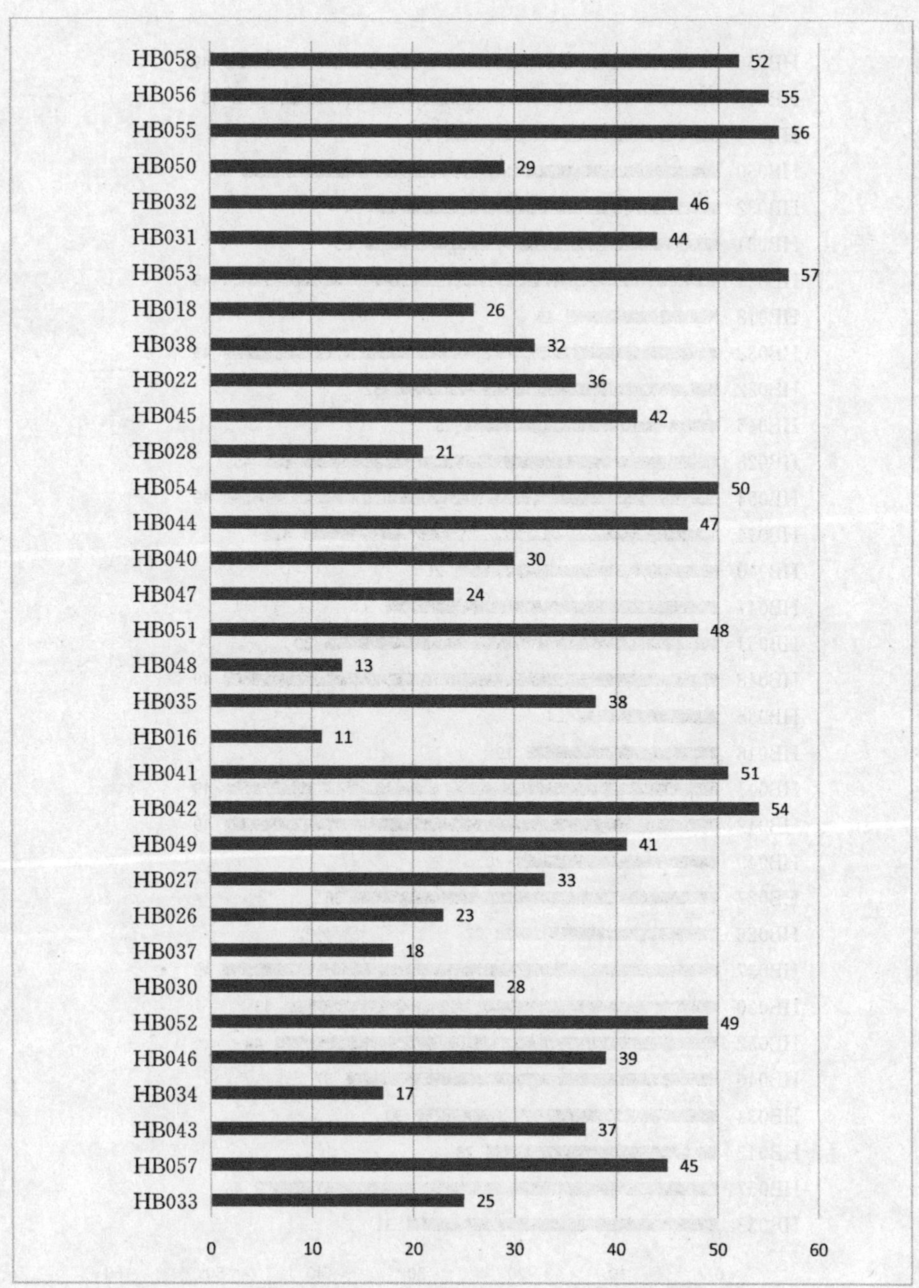

图 3-6(b) 湖北省 33 所普通高职院校的“产教融合”排名统计

图 3-6(c) 湖北省 33 所普通高职院校的“招生情况”排名统计

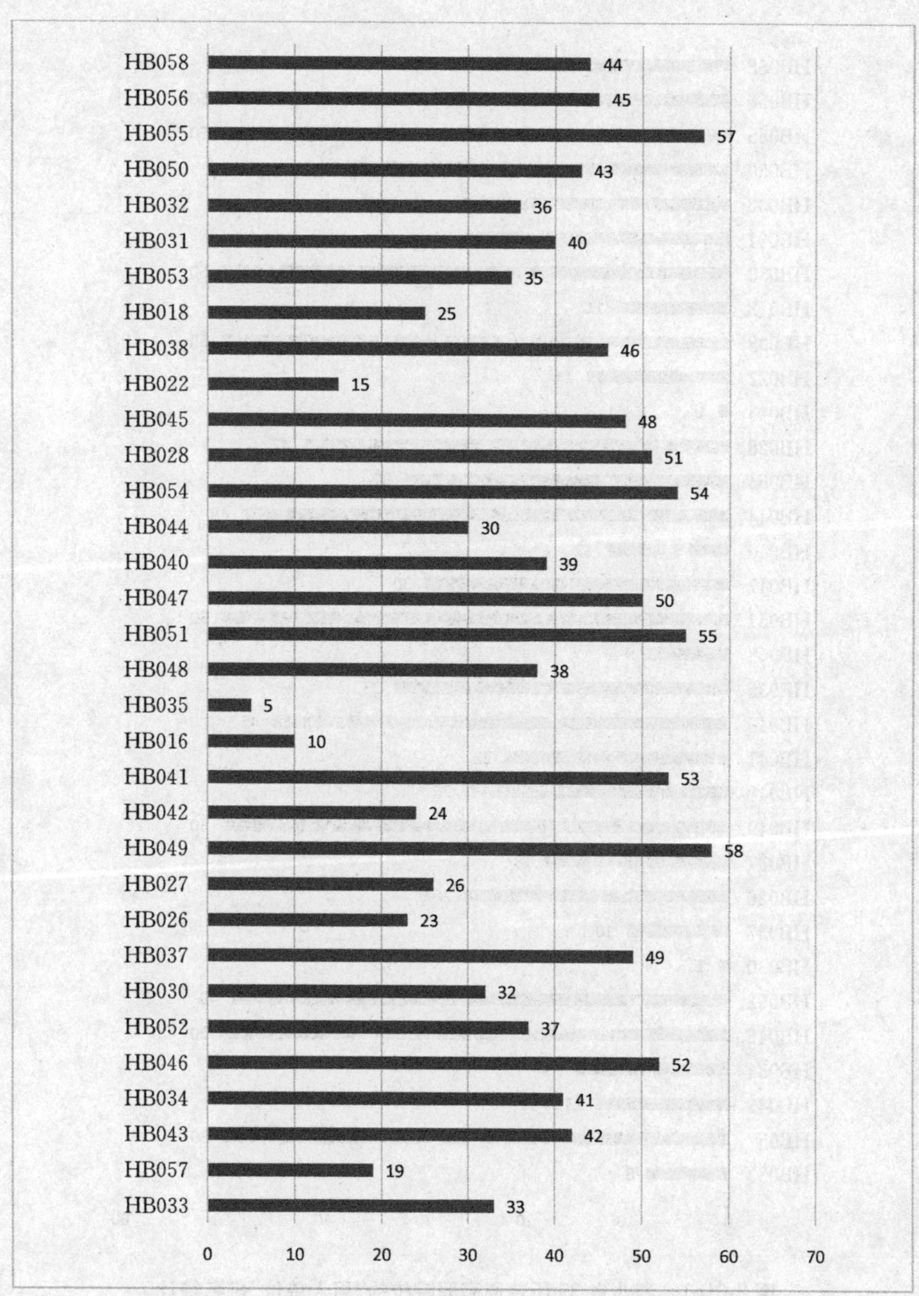

图 3-6(d)　湖北省 33 所普通高职院校的“社会声誉”排名统计

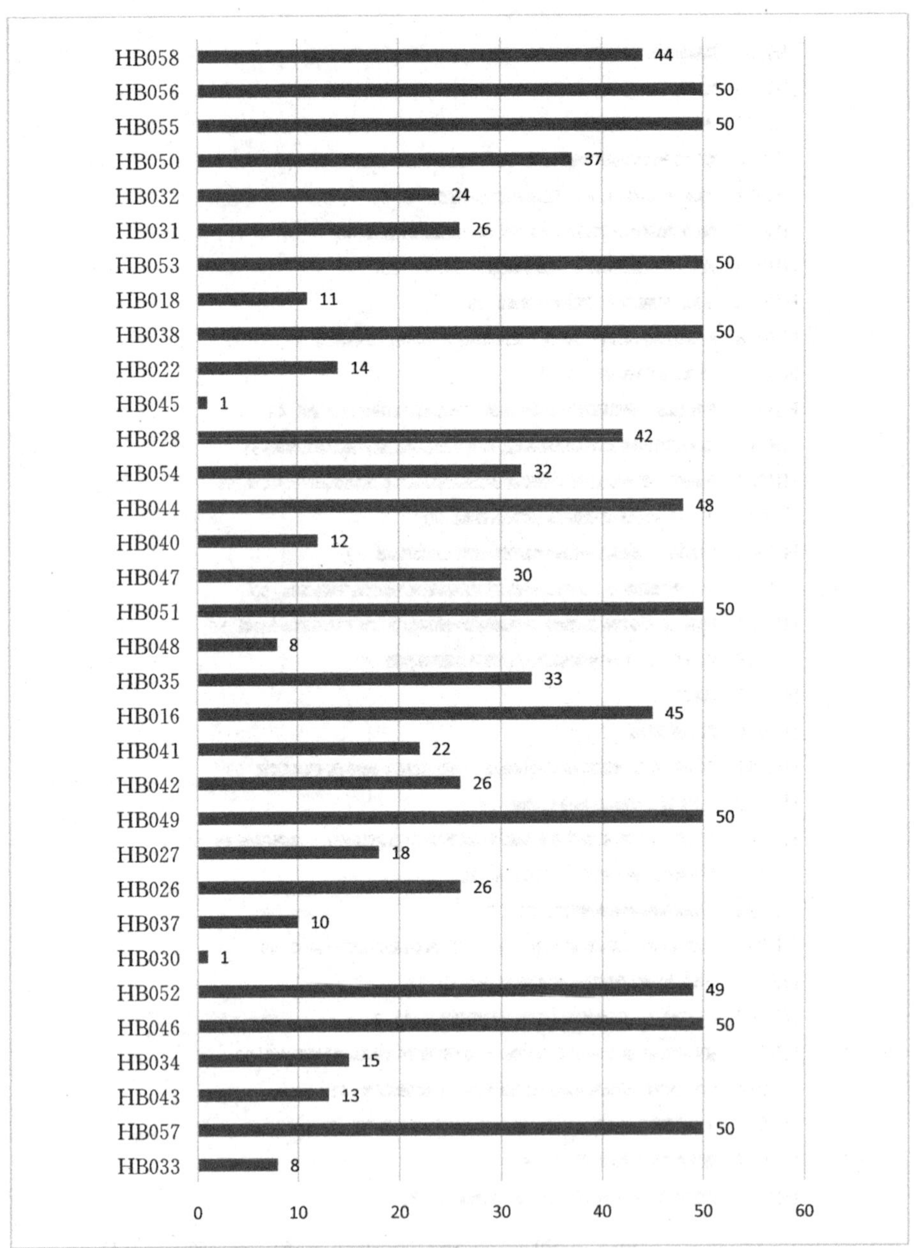

图 3-6(e) 湖北省 33 所普通高职院校的“用人单位”排名统计

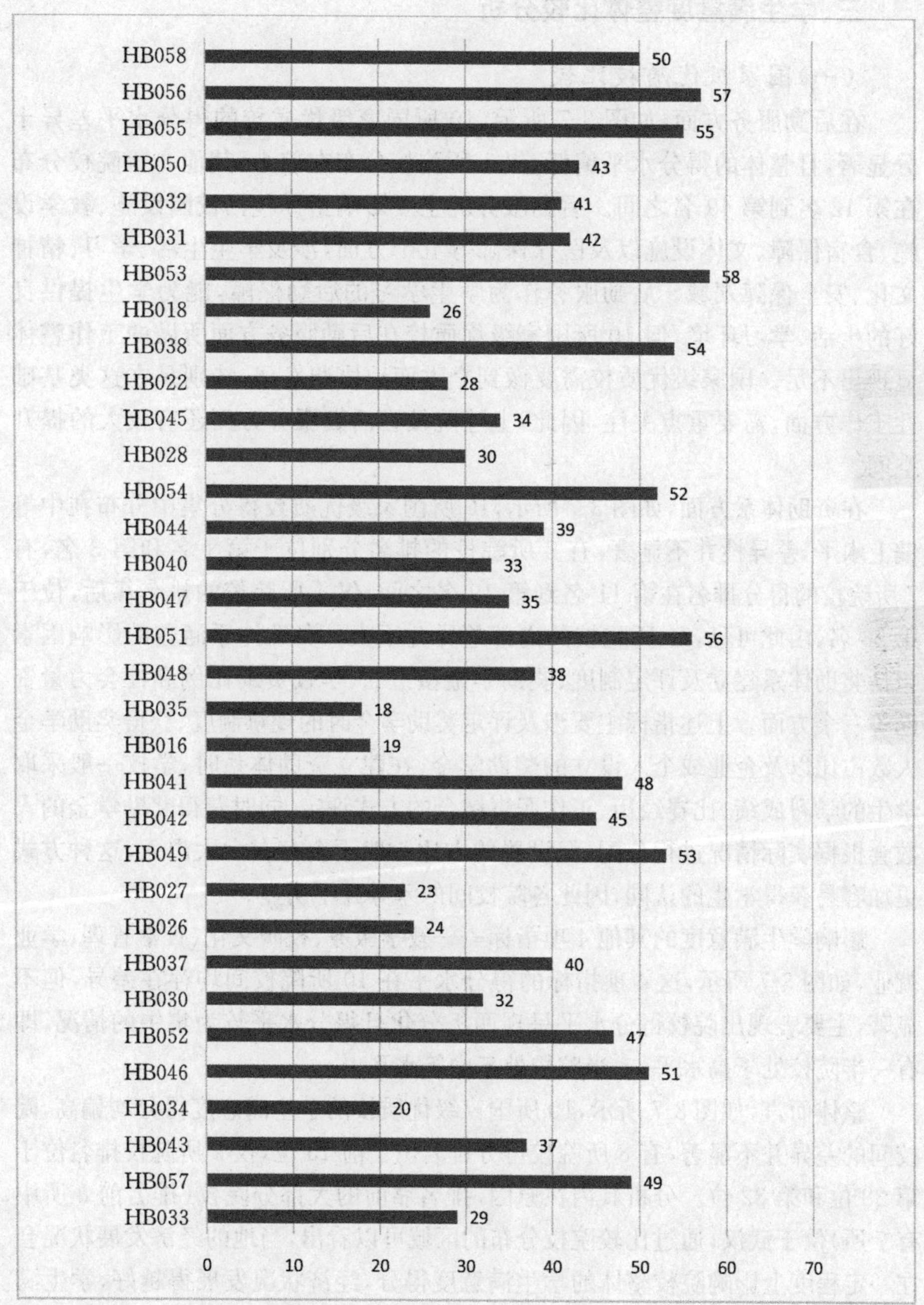

图 3-6(f)　湖北省 33 所普通高职院校的"社会认可度"排名统计

三、学生满意度整体比较分析

（一）国家级优质校比较

在后勤服务方面，如图3-7所示，10所国家级优质校的得分水平差异十分显著，且整体的得分水平偏低，仅1所院校分布在前十，其他9所院校分布在第12名到第49名之间。后勤服务的主要影响指标包括校园设施、教学设施、食宿保障、文体设施以及医疗保障等五个方面，涉及学生生活、学习、精神文化、安全保障领域。后勤服务作为学生学习的后勤保障，能为学生提供良好的生活、学习环境，但10所国家级优质校在后勤服务方面所做的工作整体显现出不足。国家级优质校需要做到全方面地协调发展，特别是在这类基础性工作方面，需要重点关注，因此，上述院校在后勤服务方面还有较大的提升空间。

在资助体系方面，如图3-7所示，10所国家级优质校得分集中分布在中等偏上水平，差异性并不显著，有2所院校的排名分别位于第1名和第3名，有7所院校的得分排名在第11名到第19名之间，仅1所院校的排名靠后，位于第28名，由此可见，10所院校的内部差异并不大。资助体系涵盖的影响因素包括奖助体系建立及评定制度、奖助学金覆盖面、学校资助比例和社会力量资助等三个方面。上述指标主要涉及评定奖助学金时的规章制度、获得奖助学金人数占比以及企业或个人设立的奖助学金，在建立资助体系时，学校一般采取学生的学习成绩、比赛经历、工作职责结合的方式评定，同时获得奖助学金的人数会根据实际情况进行分配，但设置的占比一般不会存在太大出入，这种方式更加容易获得学生的认同，因此各院校间的差异并不明显。

影响学生满意度的其他4项指标——教学服务、校园文化、日常管理、学业就业，如图3-7所示，这4项指标的得分水平在10所院校间均存在差异，但不显著，主要表现出院校得分水平呈现两极分化且得分水平较为集中的情况，即有一半院校处于高水平，一半院校处于中等水平。

整体而言，如图3-7所示，10所国家级优质校的学生满意度得分均偏高，院校间的差异并不显著，有8所院校得分排名位于前15位，仅2所院校排名位于第28位和第32位。分析其内在原因，排名靠前的大部分院校（排名前8所中有7所）位于武汉，通过比较院校分布的区域可以看出，当地的经济发展状况会在一定程度上影响院校整体的学生满意度得分，经济状况发展得越好，学生满意度的得分水平越高。一方面，在经济状况发展较好的地区，院校的资金会相对较为充裕，会不断提升院校的教学服务水平，为学生营造良好的生活、学习氛

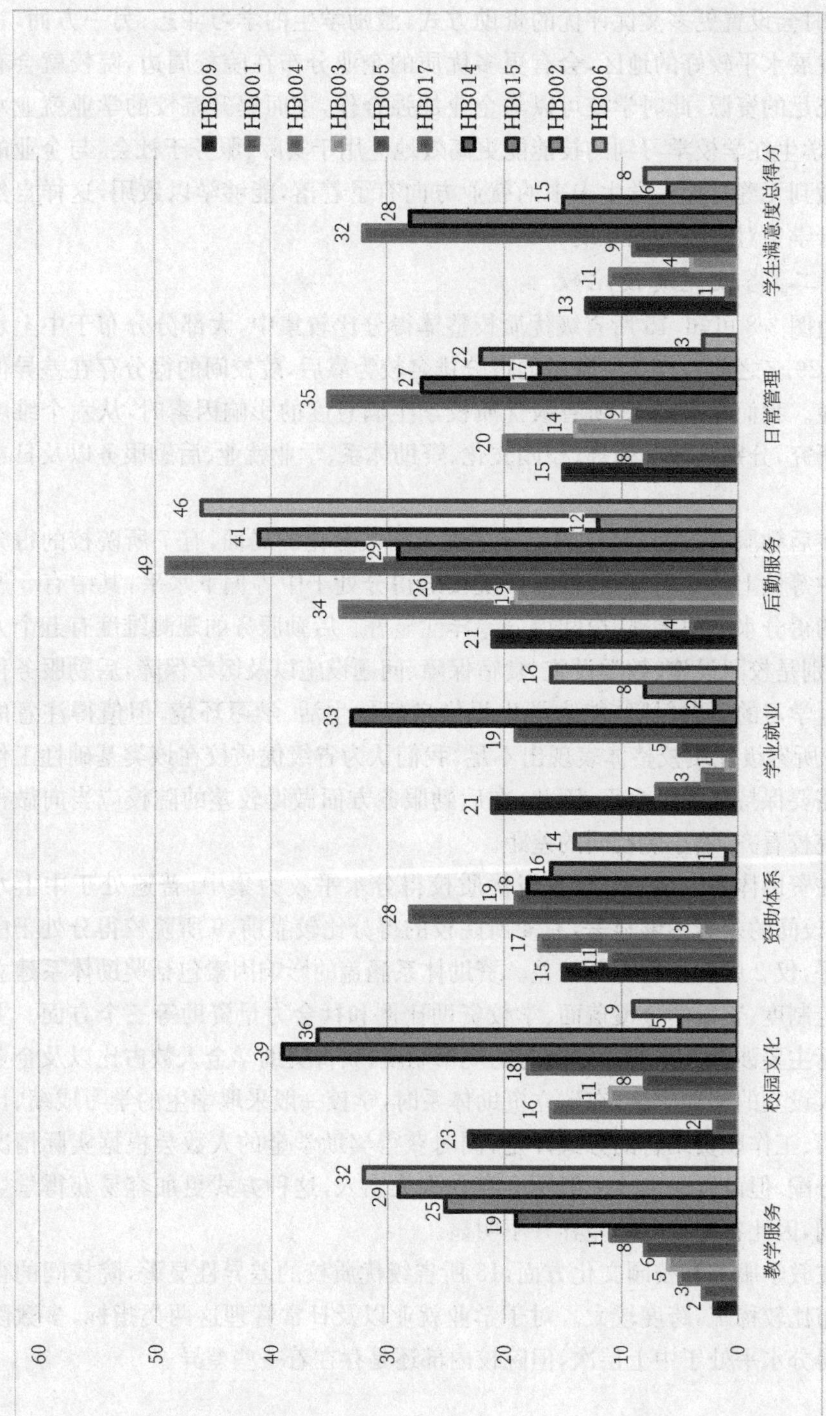

图3-7　湖北省10所国家级优质校的"学生满意度"排名统计

围，同时会设置更多奖优评优的资助方式，激励学生的学习斗志；另一方面，在经济发展水平较好的地区，会有更多优质的企业分布在院校周边，院校就会有更加充足的资源，此时学校可以与企业加强合作，进而提升院校的学业就业水平，使学生在学校学习到的技能能更高效地应用于实际、服务于社会，与企业的需求做到无缝对接。学生未来的就业方向有了着落，能够学以致用，这样自然会提升学生对院校的满意度。

（二）省级优质校比较

由图 3-8 可知，15 所省级优质校整体得分比较集中，大部分分布于中上水平（即 29 名之前），仅 3 所院校的得分排名较为靠后，院校间的得分存在差异但不明显。我们在探究 15 所省级优质校学生满意度的影响因素时，从六个维度进行研究，分别是教学服务、校园文化、资助体系、学业就业、后勤服务以及日常管理。

在后勤服务方面，院校的得分呈现出两极分化的局面，有 7 所院校的得分处于中等偏上的水平，剩余的 8 所院校的得分处于中等偏下水平，其中有 5 所院校的得分水平很差，院校间得分差异性显著。后勤服务的观测维度有五个方面，分别是校园设施、教学设施、食宿保障、问题设施以及医疗保障，后勤服务作为学生学习的后勤保障，能为学生提供良好的生活、学习环境，但值得注意的是，15 所省级优质校整体表现出不足，我们认为省级优质校在该类基础性工作方面需要保持在中上水平，因此，在后勤服务方面做得较差的院校应当向做得好的院校看齐，缩小院校间的差距。

在资助体系方面，15 所省级优质校得分水平较为集中，普遍处于中上水平，院校间的差异不够显著，有 4 所院校的得分比较靠前，9 所院校得分处于中间水平，仅 2 所院校的得分较差。资助体系涵盖的影响因素包括奖助体系建立及评定制度、奖助学金覆盖面、学校资助比例和社会力量资助等三个方面。上述指标主要涉及评定奖助学金时的规章制度、获得奖助学金人数占比以及企业或个人设立的奖助学金，在建立资助体系时，学校一般采取学生的学习成绩、比赛经历、工作职责结合的方式评定，同时获得奖助学金的人数会根据实际情况进行分配，但设置的占比一般不会存在太大出入，这种方式更加容易获得学生的认同，因此各院校间的差异并不明显。

在教学服务和校园文化方面，15 所省级优质校的差异性显著，院校间的得分分布比较稀疏，跨度较大。对于学业就业以及日常管理这两类指标，多数院校的得分水平处于中上层次，但院校内部还是存在着一些差异。

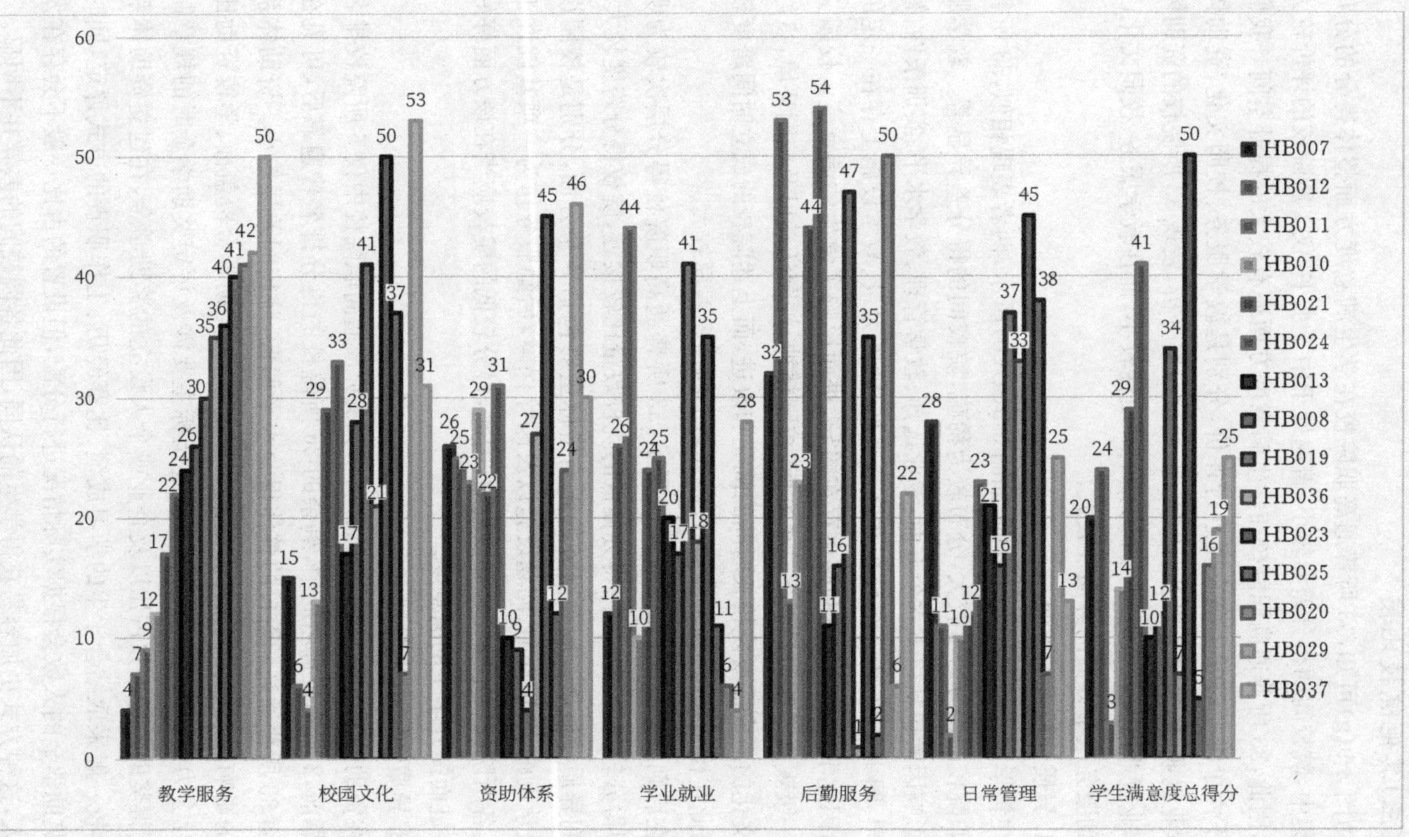

图3-8 湖北省15所省级优质校的“学生满意度”排名统计

(三)其他院校比较

由图3-9(g)可知,33所普通高职院校在学生满意度方面整体得分的分布较为集中,院校间的得分差异较小,普遍处于中下水平,仅1所院校的评价较为靠前,因此,33所普通高职院校在学生满意度方面还有较大的提升空间。我们从以下六个维度对学生满意度进行评价,分别是教学服务、校园文化、资助体系、学业就业、后勤服务以及日常管理,通过数据分析,发现33所院校的资助体系、学业就业以及日常管理三个方面的异质性较小,而在教学服务、校园文化以及后勤服务三个方面的异质性较大。

1.异质性较大的方面

在教学服务和校园文化方面,如图3-9(a)(b)所示,两者表现相似,33所普通高职院校的得分跨度较大,分布较为稀疏,院校间的得分差异显著。教学服务的影响因素包括以下六个方面:专业选择、教学管理、教学水平、实训条件、智慧校园、图书资源,由于各院校在办学水平、师资力量、教学设施上存在一定的差距,因此学生的学习体验感也存在差异,进而影响了学生的满意度。校园文化下一级观测维度包括以下三个方面:校园精神、校园活动以及校园环境,良好校园文化的形成需要院校长时间的沉淀和改进,而上述院校的成立时间跨度较大,因此在校园精神、校园活动、校园环境上的理念差异较大。

在后勤服务方面,如图3-9(e)所示,33所普通高职院校得分层次较为明显,即得分较高、得分中等、得分偏低的院校数量比较接近,院校得分跨度较大,院校间异质性显著。后勤服务的影响指标主要包括5个方面,分别是校园设施、教学设施、食宿保障、问题设施以及医疗保障,后勤服务作为一项基础性工作,是各所院校应不断完善和改进的,因此,得分较低的院校应当在该方面好好改进,进而提升学生的满意度。

2.异质性较小的方面

在资助体系方面,如图3-9(c)所示,33所普通高职院校中仅5所院校排名较为靠前,2所院校排名居中,剩余的26所院校的得分排名普遍靠后,可见在该方面33所普通高职院校的整体得分水平偏低,院校间差异较小。资助体系涵盖的影响因素包括奖助体系建立及评定制度、奖助学金覆盖面、学校资助比例和社会力量资助等三个方面。上述指标主要涉及评定奖助学金时的规章制度、获得奖助学金人数占比以及企业或个人设立的奖助学金,在建立资助体系时,学校一般采取结合学生的学习成绩、比赛经历、工作职责的方式评定,同时获得奖助学金的人数会根据实际情况进行分配,但设置的占比一般不会存在太大出入,这种方式更加容易获得学生的认同,因此各院校间的差异并不明显。

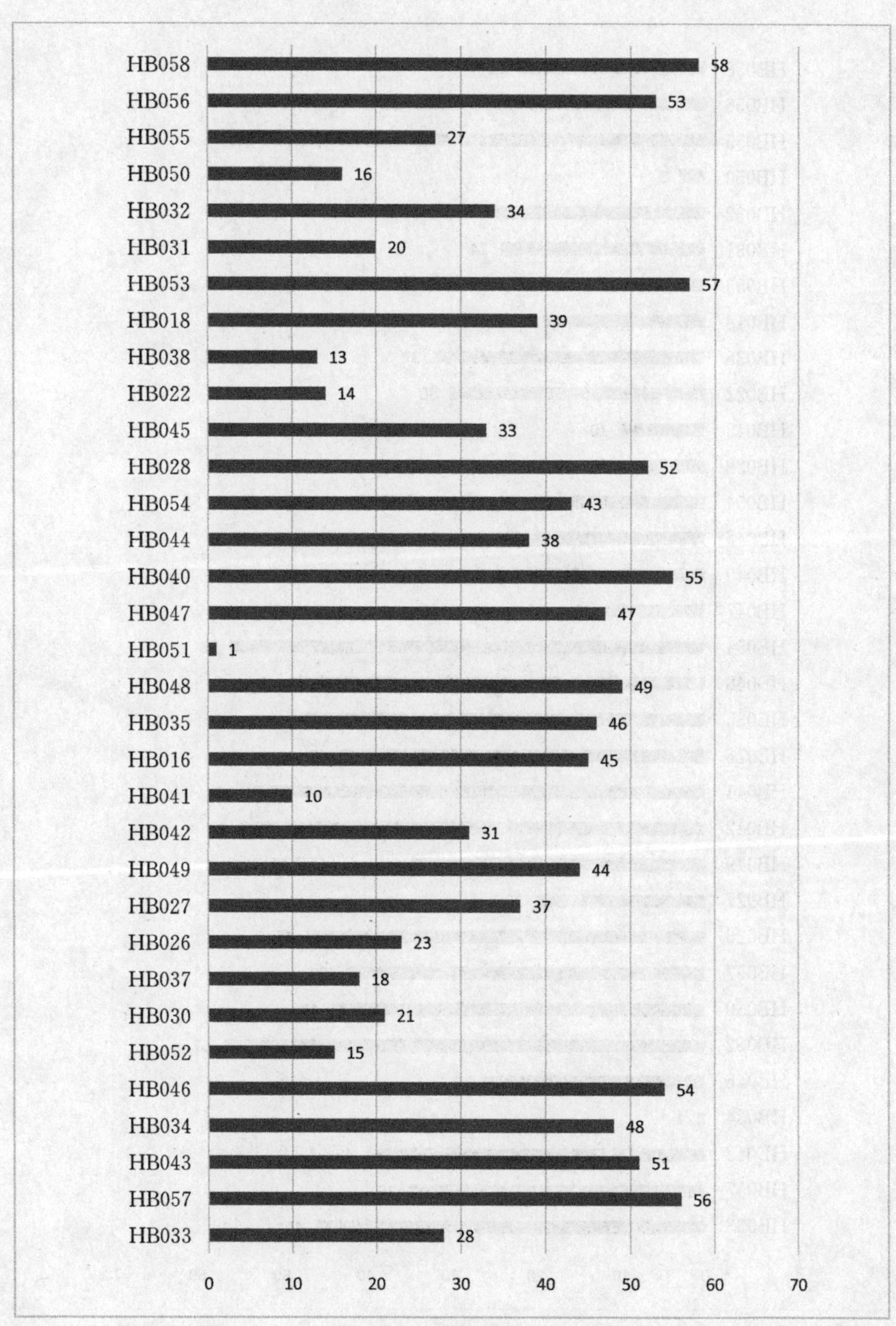

图 3-9(a) 湖北省 33 所普通高职院校的“教学服务”排名统计

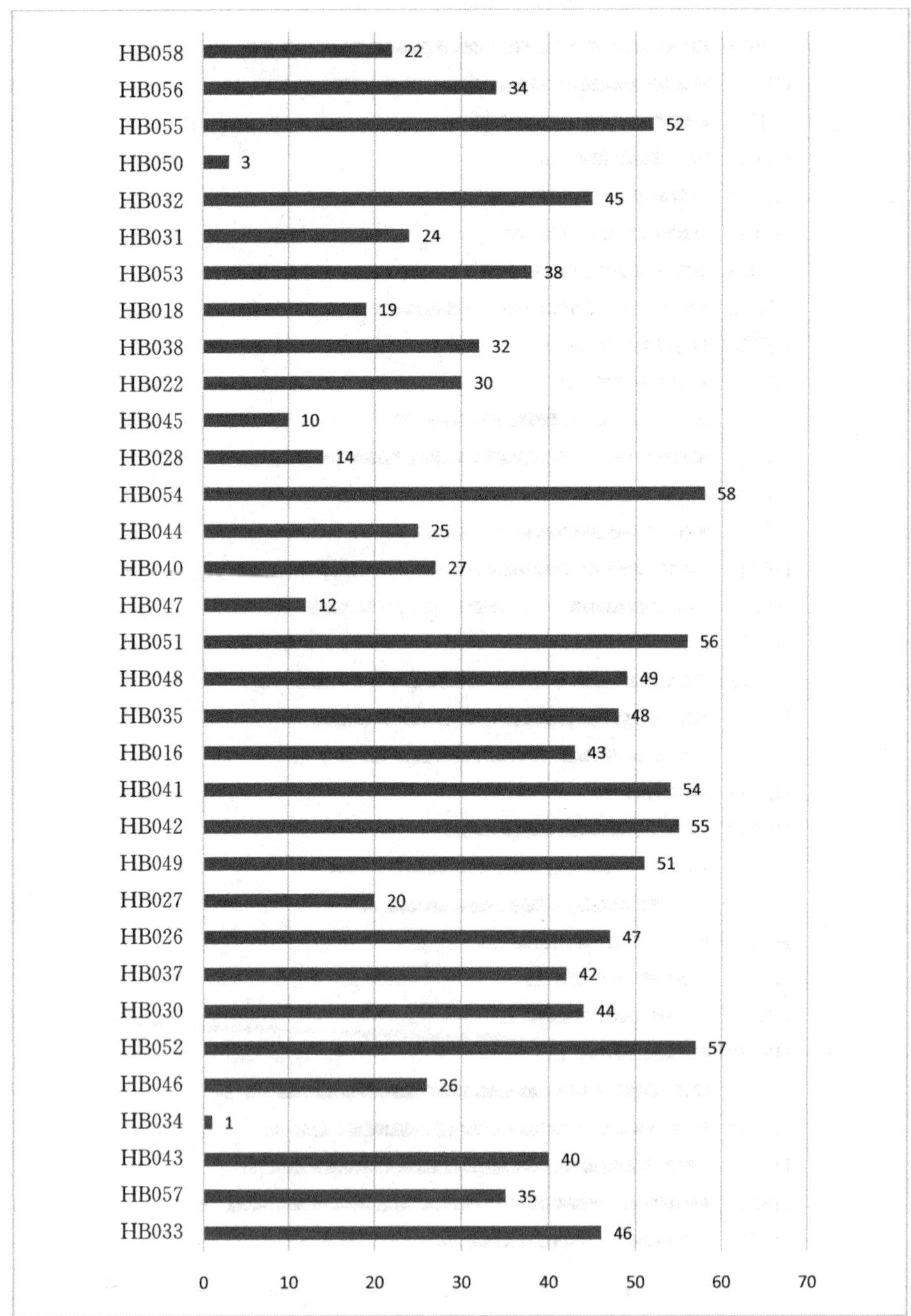

图 3-9(b) 湖北省 33 所普通高职院校的"校园文化"排名统计

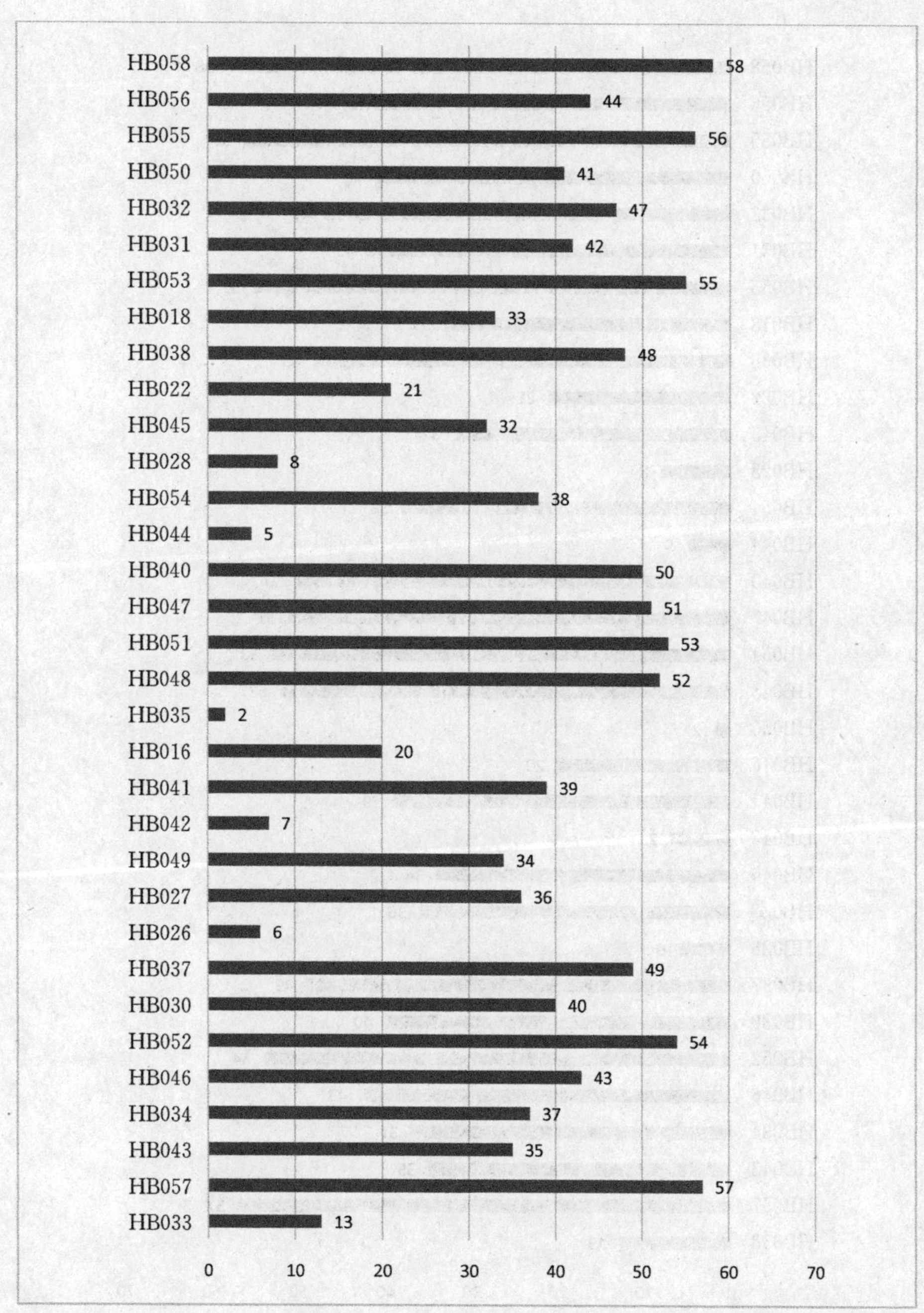

图 3-9(c)　湖北省 33 所普通高职院校的“资助体系”排名统计

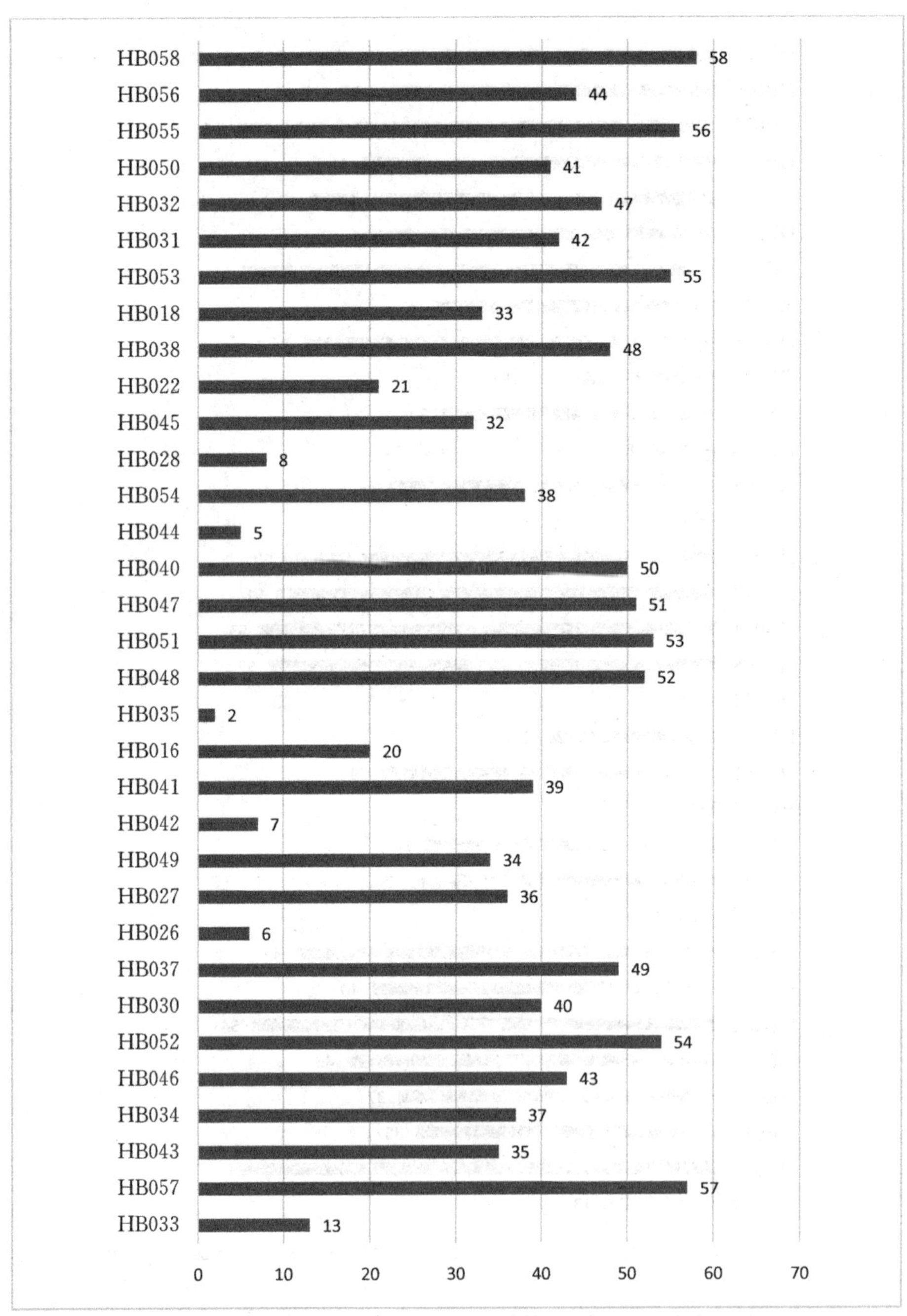

图 3-9(d) 湖北省 33 所普通高职院校的“学业就业”排名统计

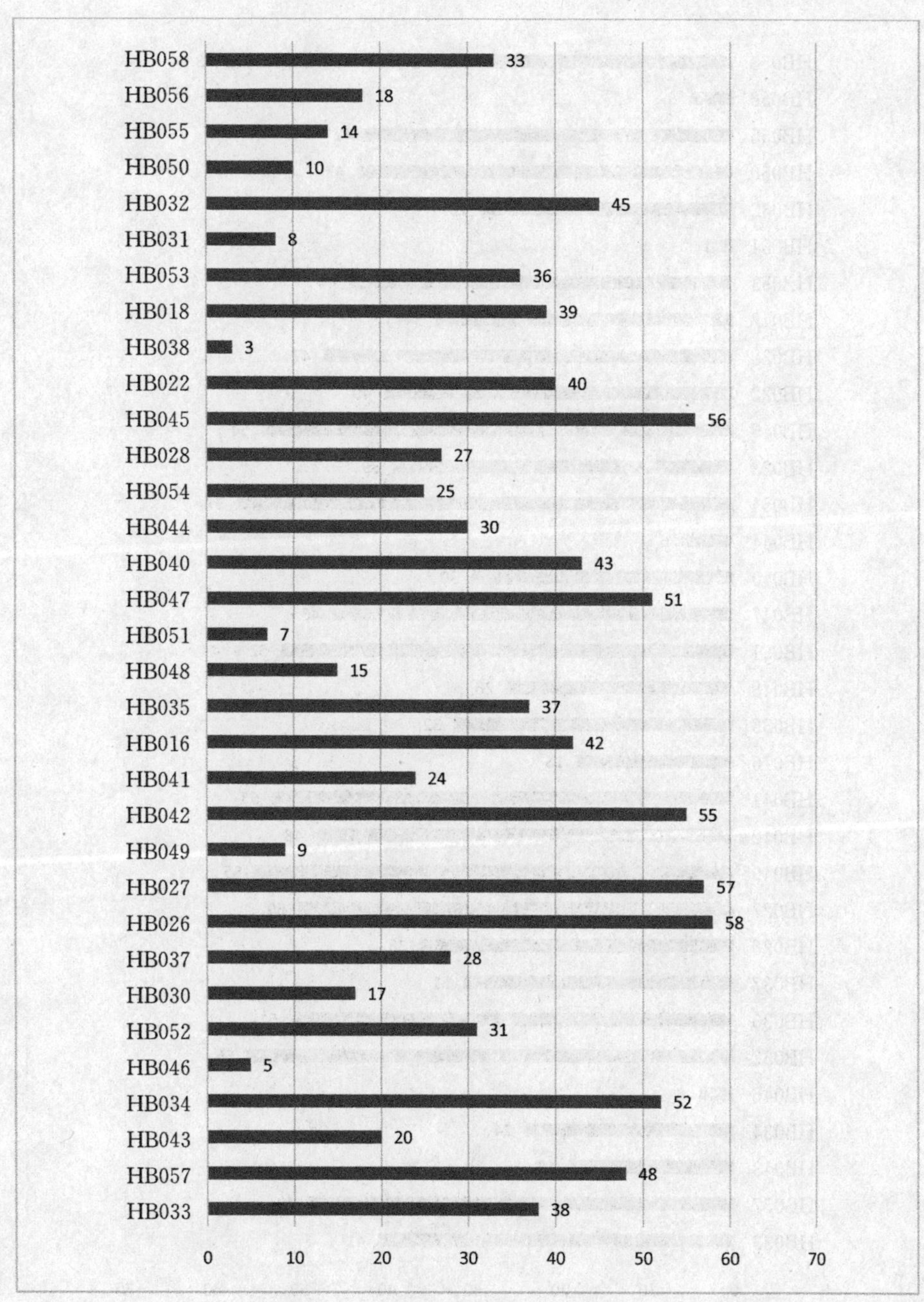

图 3-9(e)　湖北省 33 所普通高职院校的“后勤服务”排名统计

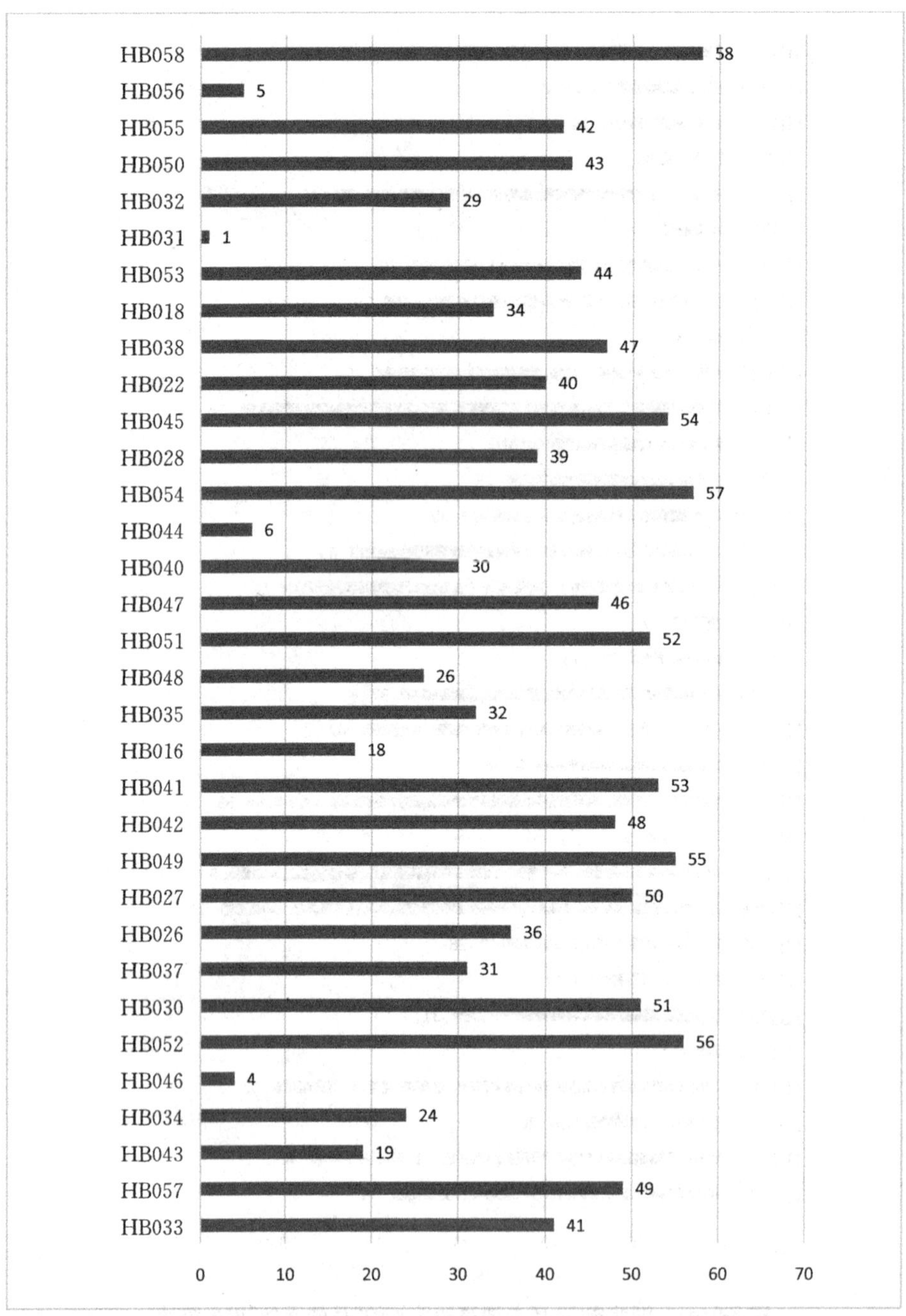

图 3-9(f)　湖北省 33 所普通高职院校的“日常管理”排名统计

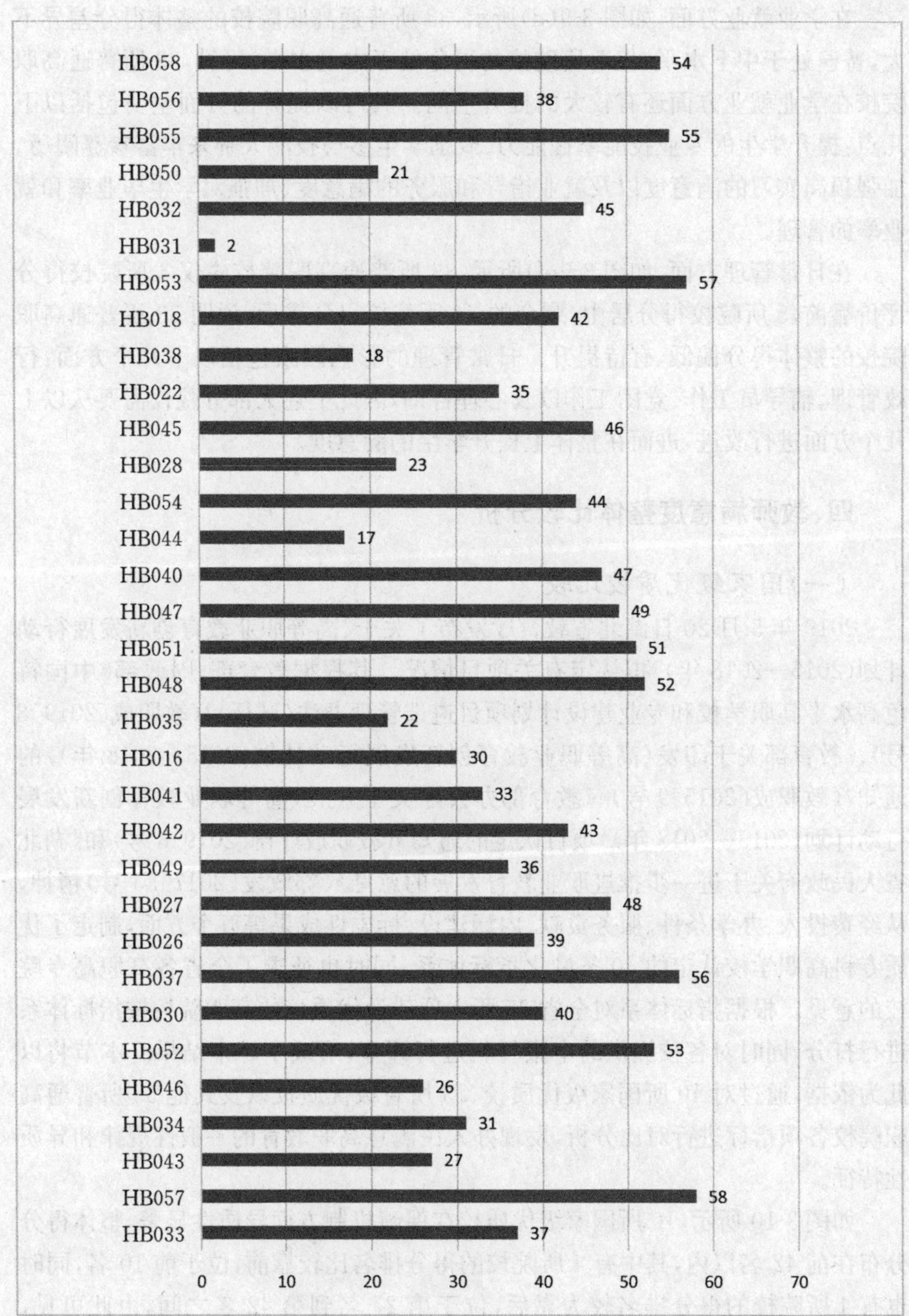

图 3-9(g)　湖北省 33 所普通高职院校的“学生满意度”排名统计

在学业就业方面，如图 3-9(d)所示，33 所普通高职院校的整体得分差异不大，普遍处于中下水平，仅 5 所院校的得分处于中上水平，可见，33 所普通高职院校在学业就业方面还有较大的提升空间。其可以提升的方面主要包括以下几点：提升学生的专业技能掌握能力、鼓励学生参与技能大赛来丰富参赛阅历、加强顶岗实习的满意度以及就业指导和服务的满意度、加强对学生毕业率和就业率的管理。

在日常管理方面，如图 3-9(f)所示，33 所普通高职院校中仅 4 所院校得分评价靠前，5 所院校得分居中，剩余的 24 所院校得分靠后，说明 33 所普通高职院校的整体得分偏低，有待提升。日常管理的影响因素包括以下几个方面：行政管理、辅导员工作、党团工作以及心理咨询，因此上述大部分院校需要从以上几个方面进行改进，进而在整体上提升学生的满意度。

四、教师满意度整体比较分析

（一）国家级优质校比较

2019 年 5 月 20 日湖北省教育厅发布了关于《高等职业教育创新发展行动计划（2015—2018 年）》拟认定有关项目情况。其根据教育部、财政部《中国特色高水平高职学校和专业建设计划项目遴选管理办法（试行）》（教职成〔2019〕8 号）、《教育部关于印发〈高等职业教育创新发展行动计划（2015—2018 年）〉的通知》（教职成〔2015〕9 号）、《教育部办公厅关于开展〈高等职业教育创新发展行动计划（2015—2018 年）〉项目认定的通知》（教职成厅函〔2019〕8 号）和《湖北省人民政府关于进一步推进职业教育发展的意见》（鄂政发〔2017〕55 号）精神，从经费投入、办学条件、服务贡献、内涵建设、标志性成果等五个方面，制定了优质专科高职学校认定的 40 条量化指标体系，同时也征求了全省各高职高专院校的意见。根据指标体系对全省 35 所立项建设优质校的高职院校按指标体系进行打分，同时对各校提供的申报材料进行评审，形成了评审结果。本节将以此为依据，通过对 10 所国家级优质校、15 所省级优质校以及其他 33 所普通高职院校各项指标进行对比分析，发现办人民满意高职教育的一般性规律和异质性特征。

如图 3-10 所示，10 所国家级优质校在保障机制方面异质性显著，整体得分分布在前 42 名以内，其中有 4 所院校的得分排名比较靠前，位于前 10 名，同时也有 4 所院校的得分排名较为靠后，位于第 27 名到第 42 名之间，由此可见，10 所国家级优质校内部得分差异较大，需要从保障机制下一级影响指标探究其内在原因。

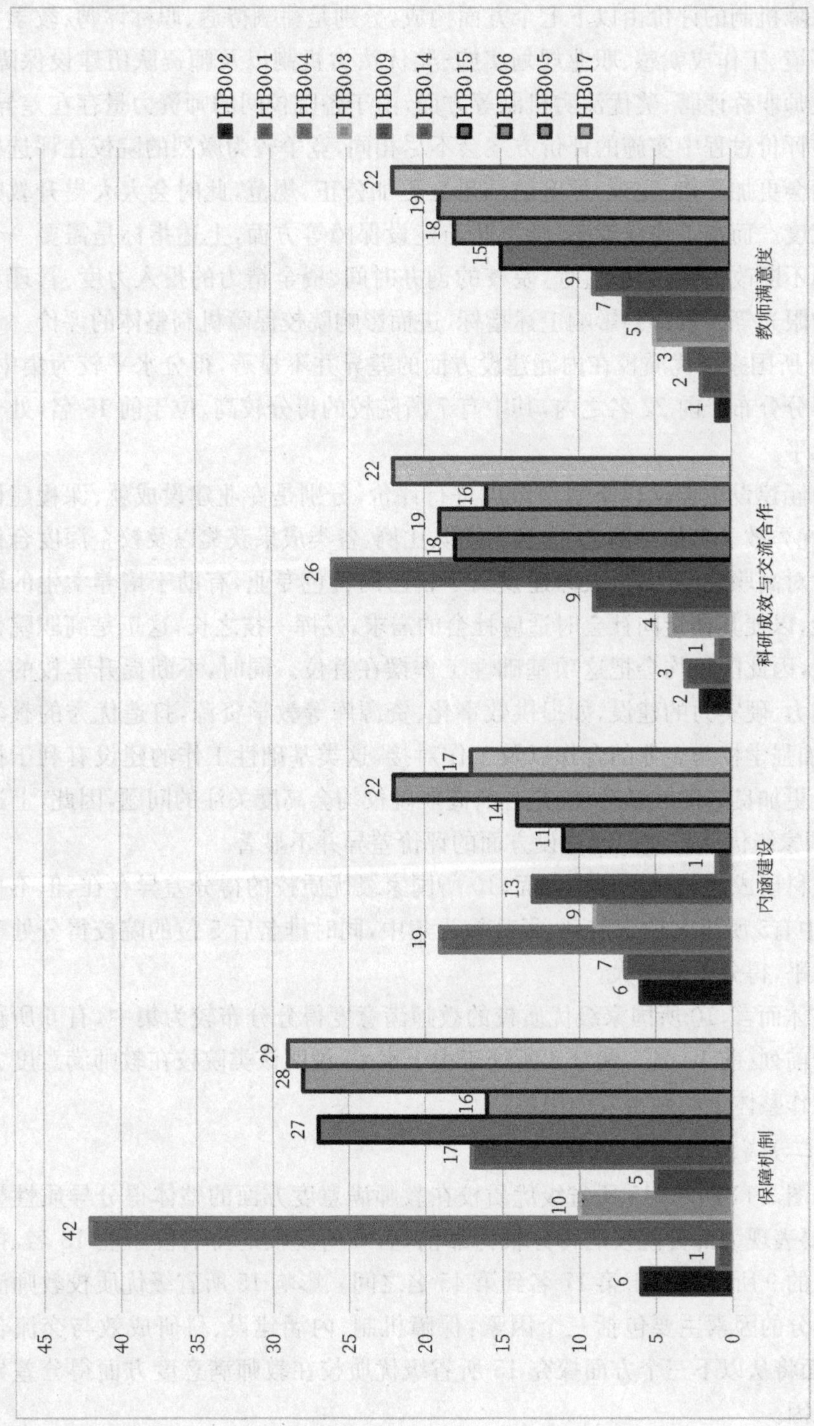

图3-10　湖北省10所国家级优质校的"教师满意度"排名统计

保障机制的评价由以下七个方面构成，分别是薪酬待遇、职称评聘、教学条件与环境、工作成就感、职业规划实施、奖优汰劣机制以及师资队伍建设保障。对于教师职称评聘、奖优汰劣机制等方面，由于各院校间的师资力量存在差异，因此在评价过程中实施的评价方案会不尽相同，竞争较为激烈的院校在评选机制方面会更加严格、完善，评定的结果会更加公正、规范，此时会大大提升教师的满意度。而在工作成就感、师资队伍建设保障等方面，上述指标是需要一个长时间不断改进、打磨的过程，院校的创办时间、资金精力的投入力度、管理者长远的眼光等因素都会影响上述指标，进而影响院校保障机制整体的评价。

10 所国家级优质校在内涵建设方面的差异并不显著，得分水平较为集中，整体得分分布于前 22 名之内，其中有 7 所院校的得分较高，位于前 15 名，处于中上水平。

内涵建设主要从以下六个维度进行评价，分别是专业建设成就、课程建设项目、优秀教学名师比例、优秀教学团队比例、各类成果获奖以及校企深度合作成效。对高职院校而言，大力建设属于自己的特色专业，有助于培养学生的职业技能，以便其在走向社会时适应社会的需求，发挥一技之长，这正是高职院校的初衷，因此院校均会把这项基础性工作摆在首位。同时，不断提升学校的基础软实力、硬实力的建设，如提供数字化、资源库等教学资源，打造优秀的教学团队，加强学校与企业的合作以及工作对接，这类基础性工作的建设有利于提供一个更加良好的教学环境，是各所高职院校均会高度关注的问题，因此，上述 10 所国家级优质校在内涵建设方面的评价差异并不显著。

在科研成效与交流合作方面，10 所国家级优质校的得分差异存在，但不显著，其中有5 所排名位于前列，得分较为集中，同时排名后 5 位的院校得分处于中上水平，得分差异不大。

整体而言，10 所国家级优质校的教师满意度得分分布较为集中，有 6 所得分位于前列(前 10 名)，剩余 4 所处于中上水平，说明该类院校在教师满意度方面的工作整体上均做得较为出色。

(二)省级优质校比较

如图 3-11 所示，15 所省级优质校在教师满意度方面的整体得分异质性显著，主要表现为部分院校的得分较为靠前，有 6 所院校的排名位于前 13 名，排名靠后的 9 所院校位于第 17 名到第 45 名之间。影响 15 所省级优质校教师满意度得分的因素主要包括三个因素：保障机制、内涵建设、科研成效与交流合作，下面将从以下三个方面探究 15 所省级优质校在教师满意度方面得分差异大的原因。

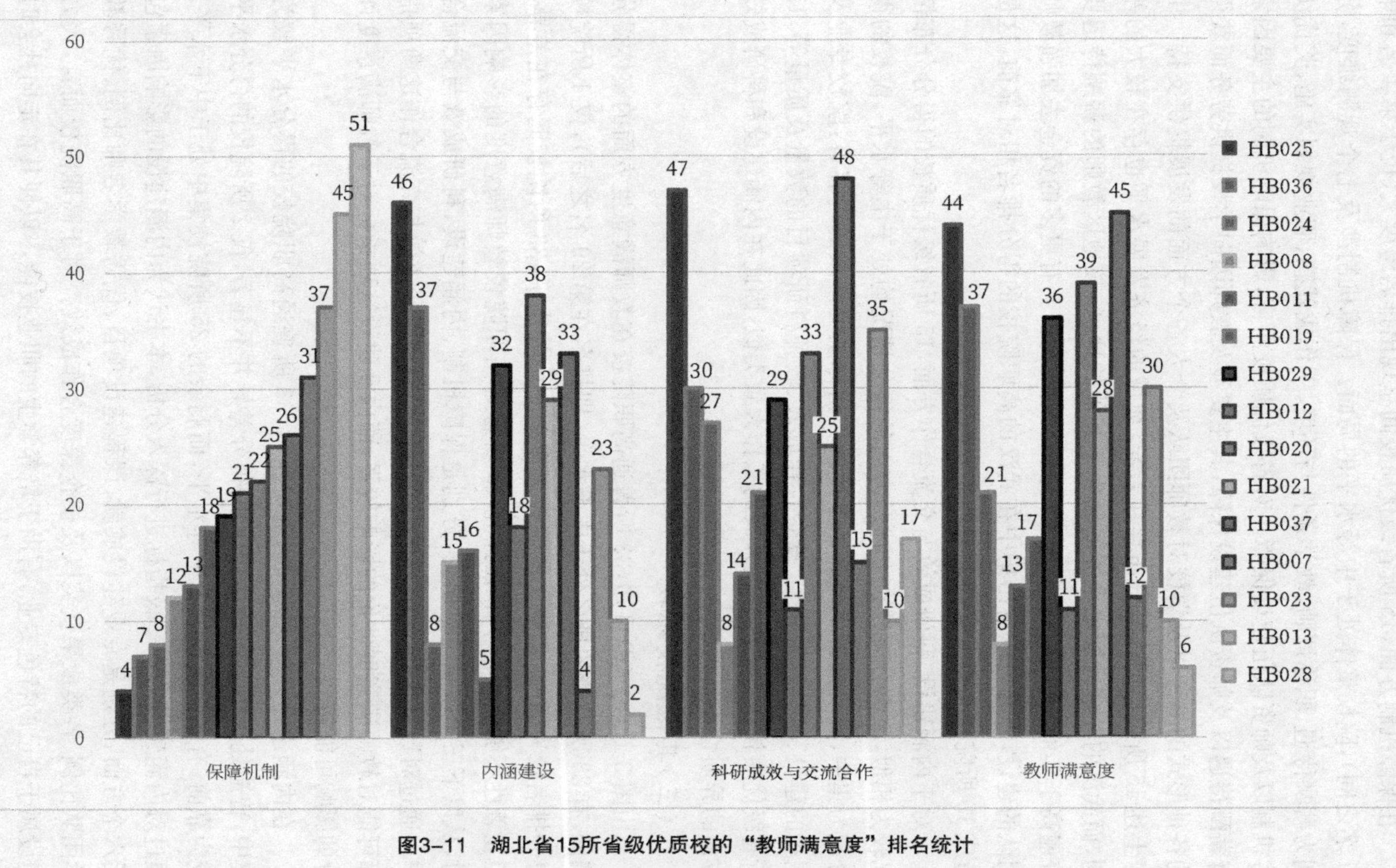

图3-11　湖北省15所省级优质校的"教师满意度"排名统计

在保障机制方面,15 所省级优质校间呈现出排名跨度大(位于第 4 名和第 51 名之间),院校整体处于中等水平的局面。保障机制涉及七个观测维度,分别为薪酬待遇、职称评聘、教学条件与环境、工作成就感、职业规划实施、奖优汰劣机制以及师资队伍建设保障。对省级优质校而言,影响保障机制的主要因素有薪酬待遇以及师资队伍建设保障,其主要涉及教师因向学校提供劳务而获得的各种形式的酬劳以及学校对教师团队及个人各个方面的发展提供支持。由于上述 15 所院校的地域分布存在差异,地域的经济发展水平也存在较大的差别,而武汉的经济发展水平遥遥领先于其他的地区,该地区教师的薪酬待遇要普遍高于其他经济发展较弱地区的院校,同时院校会有更多的资金去加强教师团队的建设,因此可以看出集中在武汉的高职院校的得分排名相对靠前,这是造成 15 所院校间得分存在差异的主要原因。

对于内涵建设、科研成效与交流合作方面,15 所省级优质校的得分分布情况较为相似,大部分院校在上述两方面的得分情况均处于中等水平,院校的得分较为集中,异质性并不显著。上述两类指标主要涉及的内容有:院校专业及课程的建设、各类成果获奖、校企合作成效、教师科研项目的数量及质量等,15 所省级优质校在上述内容上开展的工作大致类似,因此在内涵建设和科研成效方面的异质性不显著。

(三)其他院校比较

由图 3-12(a)-(d)可知,33 所普通高职院校在教师满意度方面的整体得分偏低,有 23 所院校的排名处于中下水平(即排名在第 29 名之后),仅 1 所院校得分排名较为靠前,其他 9 所院校大多处于中等水平,33 所院校间存在差异,但显著性不够明显。本节在探究 33 所普通高职院校教师满意度的影响因素时,从以下三个维度进行研究,分别是保障机制、内涵建设、科研成效与交流合作。通过对数据进行分析,本书认为保障机制和科研成效与交流合作这两项指标可能对教师满意度评价的影响较强,而内涵建设这项指标对于教师满意度评价的影响可能较弱。

在内涵建设方面,如图 3-12(b)所示,33 所普通高职院校的得分水平较为集中,普遍处于中下水平,院校间的得分差异并不显著,仅 2 所院校的得分水平较为靠前,有 6 所院校处于中等水平,而剩余的 25 所院校集中处于中下水平。通过对内涵建设的下一级指标进行深入分析,本书认为内涵建设的影响因素包括六个方面,分别是专业建设成就、课程建设项目、优秀教学名师比例、优秀教学团队比例、各类成果获奖以及校企深度合作成效。对于高职院校而言,大力建设属于自己的特色专业,有助于培养学生的职业技能, 以便其在走向社会时

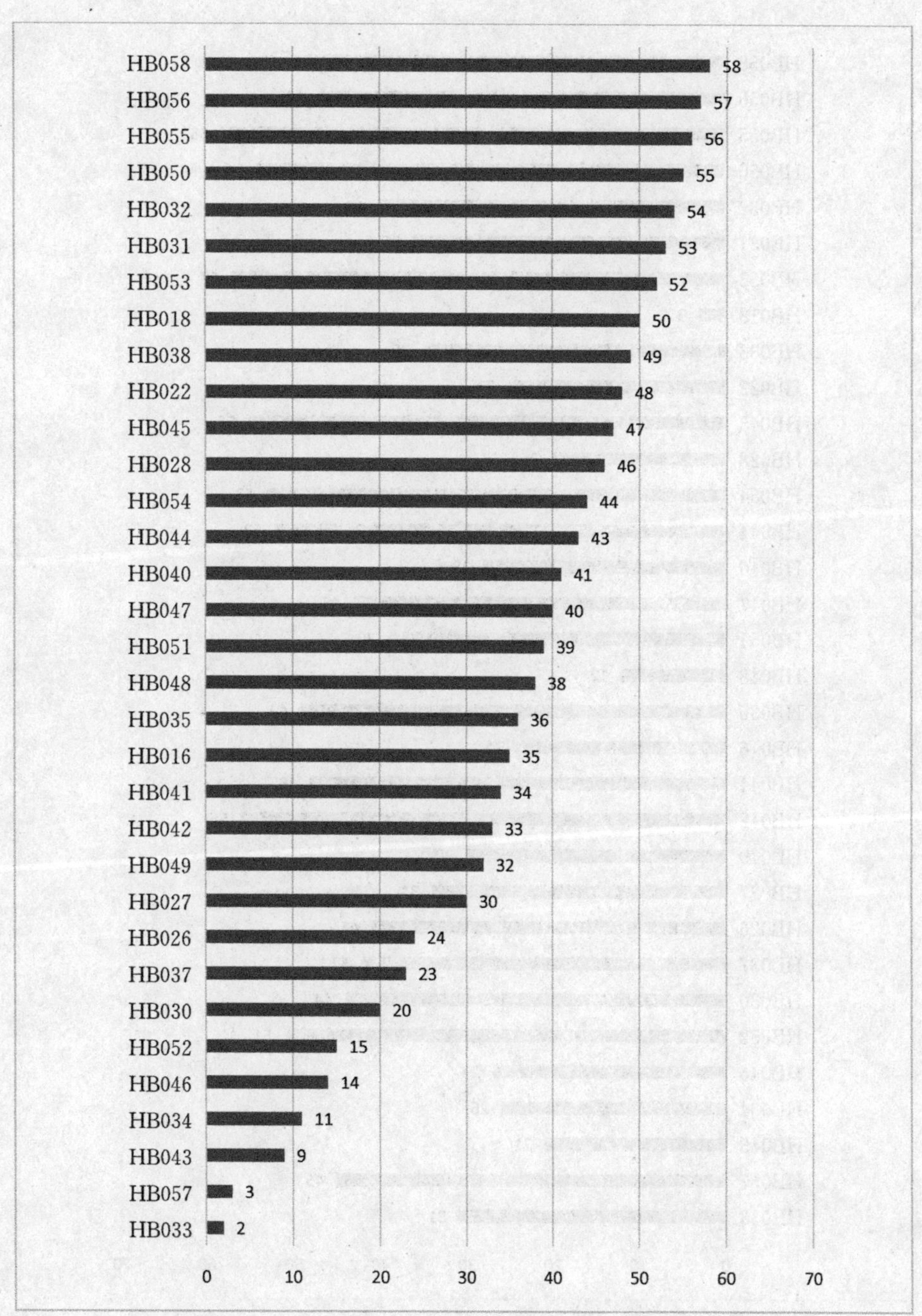

图 3-12(a)　湖北省 33 所普通高职院校的“保障机制”排名统计

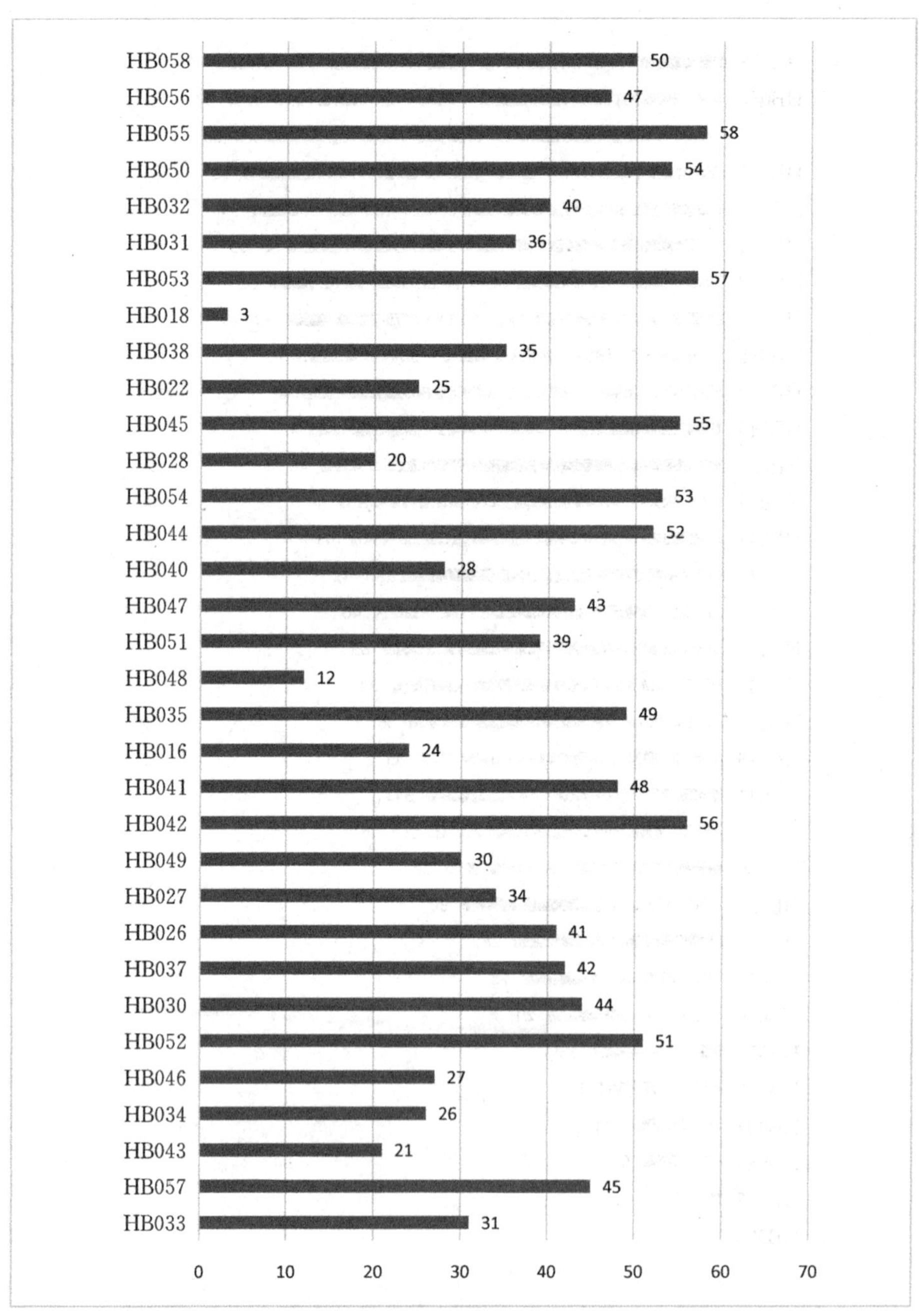

图 3-12(b)　湖北省 33 所普通高职院校的"内涵建设"排名统计

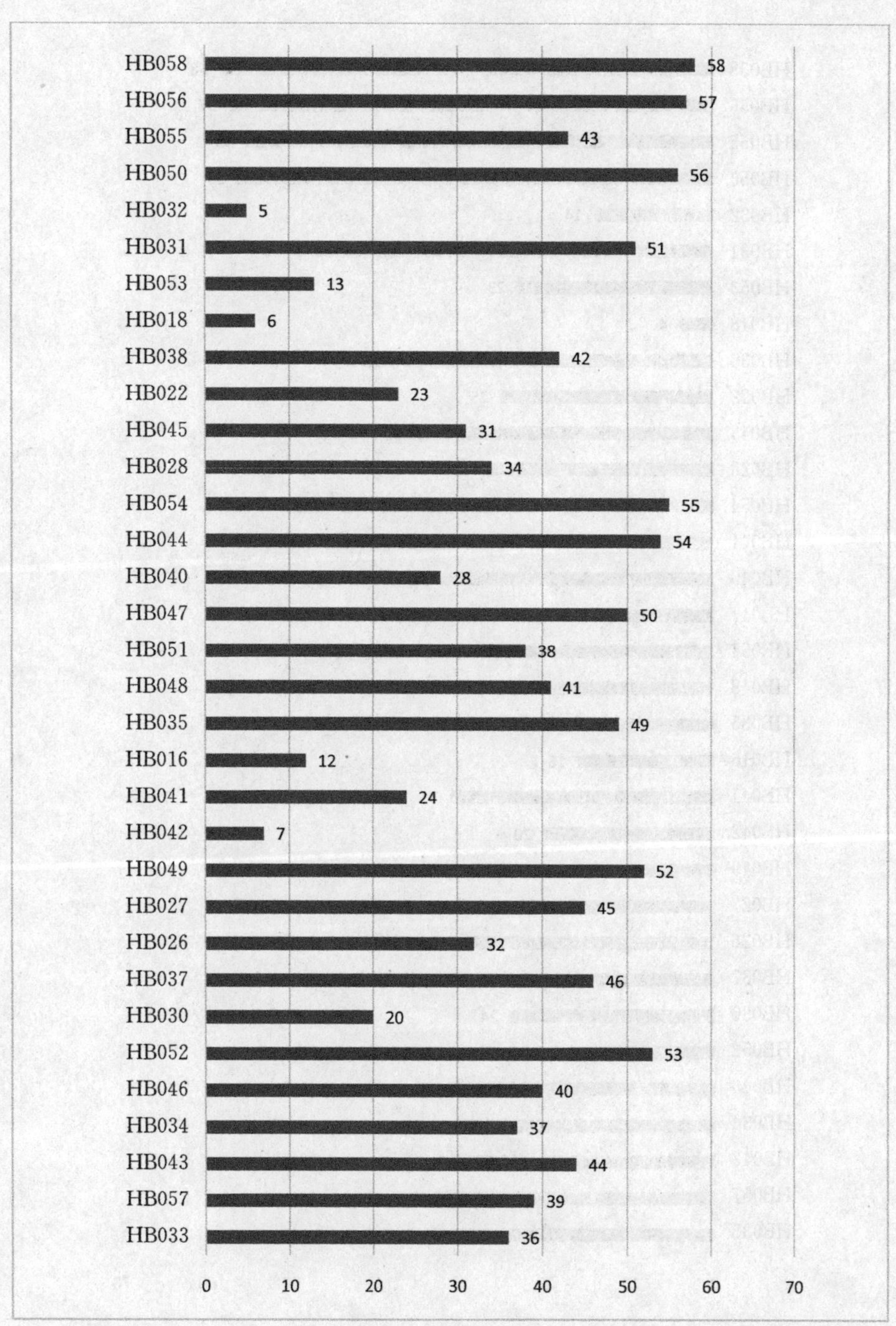

图 3-12(c) 湖北省 33 所普通高职院校的“科研成效与交流合作”排名统计

图 3-12(d) 湖北省 33 所普通高职院校的“教师满意度”排名统计

适应社会的需求，发挥一技之长，这正是高职院校的初衷，因此院校均会把这项基础性工作摆在首位。同时，不断提升学校的基础软实力、硬实力的建设，如提供数字化、资源库等教学资源，打造优秀的教学团队，加强学校与企业的合作以及工作对接，这类基础性工作的建设有利于提供一个更加良好的教学环境，是各所高职院校均会高度关注的问题，因此，上述 33 所普通高职院校在内涵建设方面的评价差异并不显著。

在保障机制和科研成效与交流合作方面，如图 3-12(a)(c)所示，33 所普通高职院校表现出类似的得分趋势，在上述两个方面均有 9 所院校的得分处于中上水平（即排名在第 29 名之前），同时均有 3 所院校的得分位于前 10 名，而 24 所院校的得分处于中下水平。整体而言，33 所普通高职院校在保障机制和科研成效与交流合作方面的得分偏低，该类院校内部存在一定的异质性。

第四章 “人民满意”视角下高职教育标准体系研究

正如前文所述，我们依据相关理论与政策需求，构建了“人民满意”的高职教育办学质量评价指标体系，并对湖北省 58 所高职院校进行实证分析。然而我们的研究并未就此结束，或者说就此结束会让我们的研究显得不够完美：因为评价后，高职院校的完善、提升以及建设工作尚缺一个指导性的标准体系。

教育的标准及标准体系建立工作国家早有要求，《国家中长期教育改革和发展规划纲要（2010—2020 年）》明确提出：“制定教育质量国家标准”和“建立和完善国家教育基本标准”。《国家教育事业发展第十二个五年规划》也提出：“建立健全具有国际视野、适合中国国情、涵盖各级各类教育的国家教育标准体系。”《现代职业教育体系建设规划（2014—2020 年）》提出：“完善职业教育法律体系和标准体系。”而“人民满意的教育”标准也有明确要求，《教育部关于完善教育标准化工作的指导意见》（教政法〔2018〕17 号）开篇即明确：“强化标准对加快教育现代化、建设教育强国、办好人民满意的教育支撑和引领作用。”

综合历年来的相关文件，在高等职业教育层面上我们可以推断出，标准及标准体系的建设是“高职教育体系建设的制度保障和机制创新”的首要任务，更是“办好人民满意”的高职教育的“支撑和引领”，这也预示着高职教育内涵式发展的目标和迫切需求。

那么，如何基于“人民满意”视角，构建高职教育标准体系以及院校层面的标准体系表，并指引高职院校开展标准化活动并以此达到完善、提升以及建设“人民满意”的高职教育成为本章研究的主要问题。

第一节 什么是高职教育标准体系

在本章节开始之前，我们有必要搞清楚什么是标准体系、高职教育标准体系以及“人民满意”的高职教育标准体系。

一、高职教育标准化的内涵

标准化是“为了在一定范围内获得最佳秩序，对现实问题或潜在问题制定共同使用和重复使用的条款的活动”①。高职教育是高等职业教育的简称，1996年，全国人大通过并颁布了《中华人民共和国职业教育法》，从法律上确定了高职教育在我国教育体系中的地位；1999年6月13日，中共中央、国务院颁布的《关于深化教育改革全面推进素质教育的决定》明确将高职教育作为高等教育的重要组成部分。概括而言，高职教育是培养社会所需的职业技能型人才的社会复杂工程和系统工程，其所涉及的技术、管理、实训、实践等活动需要通过标准化活动来规范和引导，以保障有序、有效的高职教育教学活动的开展。高职教育标准既是指导和规范高等职业教育实践活动的基本准则，也是衡量高等职业教育教学水平高低的评价依据。有学者认为，教育标准是指为实施国家教育法律法规和有关教育方针政策，为在教育活动领域内获得最佳秩序，在教育教学实践与理论研究的基础上，对各级各类教育活动事项制定的各类教育规范与技术规定②。简而言之，高职教育标准化是对高职教育领域所涉及的概念、术语、事物以及管理等进行规范的活动，其目的在于提升高职教育水平，获得最佳秩序。

二、“人民满意”的高职教育标准体系的内涵

标准体系是在一定范围内的标准按其内在联系形成的科学的有机整体③，组成标准体系的基本单位是标准。标准体系表是一种以图表的形式表达标准体系的工具，它是依据一定范围标准体系内的标准按一定形式排列起来的图表，包括现有的、应有的和预计将来应制订的标准。标准体系实质上是一个标准系统，并不是单个标准作用的简单叠加，而是形成合力对整个系统产生高负熵，使得系统形成良性循环，从而对组织实现标准化目标提供有效支撑。

高职教育标准体系既是高职教育标准化活动的集大成表现的形式，也是推行高职教育标准化建设的技术指引和支撑保障。同时，标准体系既为高职院校标准化工作指明了方向和任务内容，也是院校层面标准化工作落实的体系保

① 中华人民共和国国家质量监督检验检疫总局. 标准化工作指南第1部分：标准化和相关活动的通用词汇：GB/T 20000.1-2002[S].

② 国家教育标准体系研究课题组. 国家教育标准体系的发展与完善[J]. 教育研究，2015，36(12)：4-11.

③ 中华人民共和国国家质量监督检验检疫总局，中国国家标准化管理委员会. 标准体系表编制原则和要求：GB/T 13016-2009[S].

证，建立科学合理的高职教育标准体系是高职教育标准化工作的基础。

正如本书第一章第一节所述，基于党的十八大以来所提出的基本目标和任务要求，"人民满意"被具体化为政府、社会、学生和教师的满意。因此，"人民满意"的高职教育标准体系的构建不应局限于高职院校甚至高职教育的狭义层面，应当建瓴于本书理论部分所提及的政府、社会、学生和教师四个维度的广义层面。与传统意义上的高职教育标准体系相比，"人民满意"的高职教育标准体系打破了行业局限的单维标准体系观，从实际需求出发，以高职教育的目标、结果和成效为指引，综合全面地为标准化建设提供技术指引和支撑保障：一方面，将与高职教育主体关联越来越紧密的社会、政府两大要素纳入标准体系的范畴，弥补过往二者与高职教育之间兼容不足的问题；另一方面，"人民满意"的高职教育标准体系将高职教育内部和外部视为一个整体系统，避免"标准不兼容"、"标准缺失"、"标准流程断链"等问题的出现[①]，同时也在"协作分工"方面进一步提高教育部门"放管服"改革的成效。

第二节 我国高职教育标准体系

一、我国高职教育标准及体系现状

我国高职教育起步于1980年[②]，但明确其法律地位却是在1998年，由《中华人民共和国高等教育法》明确"高等职业学校是高等教育的一部分"。相对而言，高等职业教育及其研究工作起步较晚，标准化工作也相对迟滞和匮乏。我们从国家标准馆的国家标准文献共享服务平台中以"职业教育"、"高等职业"、"高职教育"、"高等职业教育"为关键词查询，检索结果如表4-1所示。事实上，我国教育标准大多数由教育部或教育部联合相关部委拟定颁布，由国家标准化管理委员会颁布实施的仅有10项。而现行的255项教育标准中，职业教育标准仅42项，占16.5%；如果算上涵盖各学段的39项教育标准，与职业教育相关的标准约为81项。然而，这些标准大多数散见于教育部及其司局下发的各

① 本书认为，传统意义上的标准体系大部分是以行业为构建边界，如旅游标准体系。这种分类大多情况是由行业标准专业技术委员会(TC)的局限性所造成的，而对于该行业的关联性产业标准，则容易出现标准口径不一致、兼容性缺乏等问题，如旅游标准专业技术委员会是很难参与起草旅游大巴车的技术和管理标准的。

② 1949年至1980年，中国的高等职业教育只有高等师范一个类别。1980年，天津职业大学成立，才标志着中国开始出现除高等师范教育之外的高职教育。

类文件中，依据 2017 年新修订的标准化法第五条规定“国务院标准化行政主管部门统一管理全国标准化工作”和第十七条规定“强制性标准文本应当免费向社会公开，国家推动免费向社会公开推荐性标准文本”，以上这些标准不能算作法律意义上的标准。

参考成熟行业实施标准化的经验，某一行业的标准体系应见诸于行业年鉴或标准化发展规划，如旅游业标准体系则来源于《全国旅游标准化发展规划(2009—2015)》，安全行业标准体系来源于《中国安全防范行业年鉴 2012》，纺织业标准体系来源于《纺织行业“十二五”技术标准体系建设方案》。但无论是《国务院关于加快发展现代职业教育的决定》、《国家中长期教育改革和发展规划纲要(2010—2020 年)》、《国家教育事业发展第十二个五年规划》和《现代职业教育体系建设规划(2014—2020 年)》，还是《中华人民共和国职业教育法》、《中华人民共和国高等教育法》和《中国教育年鉴》，都仅仅是概括性提出建立“具有职业教育特点的人才培养、选拔和评价的标准和制度”和“反映经济发展和劳动力市场需要的职业资格标准体系”等①，并不具有实际指导意义的高职教育标准体系和体系表。

表 4-1　国家标准文献共享服务平台检索结果汇总

<table>
<tr><th>检索词</th><th>标准名称</th><th>标准号</th><th>实施日期</th></tr>
<tr><td>职业教育</td><td>欧盟理事会关于承认经三年以上职业教育与培训颁发的高等教育文凭的一般制度的理事会指令(经第 2004/108/EC 号指令和第 COM(2000)527 号指令最终版修订)</td><td>89/48/EEC-1988</td><td>1988-01-01</td></tr>
<tr><td rowspan="4">高等职业</td><td>高等职业学校光伏发电技术与应用专业仪器设备装备规范</td><td>JY/T 0465-2015</td><td>2016-07-18</td></tr>
<tr><td>高等职业学校风能与动力技术专业仪器设备装备规范</td><td>JY/T 0464-2015</td><td>2016-07-18</td></tr>
<tr><td>高等职业学校数控技术专业仪器设备装备规范</td><td>JY/T 0461-2014</td><td>2014-10-01</td></tr>
<tr><td>高等职业学校机电一体化专业仪器设备装备规范</td><td>JY/T 0459-2014</td><td>2014-10-01</td></tr>
<tr><td>高职教育</td><td colspan="3">没有符合条件的记录</td></tr>
<tr><td>高等职业教育</td><td colspan="3">没有符合条件的记录</td></tr>
</table>

① 国家教育标准体系研究课题组. 国家教育标准体系的发展与完善[J]. 教育研究，2015,36(12):4-11.

二、我国高职教育标准及体系研究现状

自1999年中央提出"大力发展高等职业教育"要求以来，围绕"创建特色学院，打造高职品牌"①，高职教育经历了近20年的高速发展期。随着2006年由教育部和财政部启动"国家示范性高等职业院校建设计划"一批项目验收完成，我国高职教育发展进入"后示范时期"，高职教育逐渐转向回归和内涵式建设上②，"高职教育标准化及标准体系"的话题因此成为当前高职教育研究的焦点。以"高职教育"和"标准"为关键词，从中国期刊全文数据库检索出相关文献共3316篇。其中最早涉及高职教育标准的是1997年严雪怡发表的《从国际教育标准分类谈我国高职教育发展》③，而最早涉及高职教育标准体系的是2005年王宏启等人发表的《浅谈构建职业技能培养标准体系的重要意义》④。教育质量及其管理工作，是高职教育乃至整个教育领域所重点关注的内容⑤，因此已有文献大部分集中于"质量标准"，如"教学(育)质量标准体系"、"教育质量保障标准体系"、"高职教育服务质量标准体系"等。也有零星文献关注课程、学生和教师等高职教育的组成部分，如"课程标准体系"、"师资能力标准体系"、"学生技能培养标准体系"等，极少数文献能够对高职教育标准体系进行综合性研究。高职教育标准体系包括总标准、专业教育标准、教育资源标准、教育服务、教育环境和院校环境、人才质量等六大类⑥；借鉴ISO 9000标准体系构建高职院校标准体系，高职院校综合标准体系包括三方面，其中基于静态结构的标准体系包括管理标准、技术标准和工作标准⑦。也有学者对国外职业教育标准体系进行比较研究，但并未具体描述其标准体系的结构和体系表的内容，仅仅提及标

---

① 李友清.创建特色学院打造高职品牌：以湖北职业技术学院为例[J].高等教育研究，2006(10)：63-66.

② 王丹中.回归与创新：高职院校内涵式发展路径选择[J].高等教育研究，2014，35(6)：76-79.

③ 严雪怡.从国际教育标准分类谈我国高职教育发展[J].职教通讯，1997(10)：8-10.

④ 王宏启，于钧，戚文革.浅谈构建职业技能培养标准体系的重要意义[J].教育与职业，2005(36)：106-107.

⑤ 中国教科院教育质量标准研究课题组.教育质量国家标准及其制定[J].教育研究，2013，34(6)：4-16.

⑥ 程宜康.高职教育标准化建设思考[J].高等职业教育(天津职业大学学报)，2011，20(1)：11-15.

⑦ 吴潇.我国高职院校标准体系构建与运用研究[D].青岛：中国海洋大学，2010.

准体系的构建路径①。

三、述评

综上所述，我国高职教育标准体系及研究现状存在以下三方面的不足：一是指导性的标准体系及体系表缺失。相比其他行业，当前高职教育在行业层面上缺乏具有指导意义的标准体系。虽然有些研究将一系列标准整体上视为一个标准体系，这显然与标准体系“不是单个标准作用的简单叠加”内涵是相悖的。此外，依据国家推荐性标准《GB/T 13016-2009 标准体系表编制原则和要求》中编制原则第四条明确“划分清楚”，并指出“标准体系表内的子体系或类别的划分，主要应按行业、专业或门类标准化活动性质的统一性，而不宜按行政机构的管辖范围划分”，因此，前文所述的高职教育标准体系显然不能算是严格意义上的标准体系。二是现有标准及标准体系研究单一。现有研究主要侧重于质量标准及质量标准体系的研究，高职教育标准体系应是高职教育标准化活动的集大成表现形式，虽然教育或教学质量是高职教育的核心内容，但并不能因此以偏概全，以教育质量标准体系代替高职教育的整体标准体系，而应该视为高职教育标准体系中的子体系。三是已有高职教育标准体系的研究对标准分类专业化程度不高。已有研究中对高职教育标准体系的分类不合理，导致现行国家标准、行业标准内容过于笼统，无法指导高职院校进行分类管理。某种意义上，高职院校是可以依据高职教育标准体系来建立自身的标准体系的，而这一过程是难以根据部门分类制定院校层面的标准并有效实施的。

《现代职业教育体系建设规划（2014—2020 年）》提出“建立健全职业教育标准体系”，已有研究显然难以满足该目标的实现，重构高职教育标准体系已然成为一个迫在眉睫的研究内容。同样，如何“办好人民满意的高职教育”也需要成体系的建设标准、管理指南和制度规范等，这对促进依法治教，推进高职教育质量全面的提升，实现“办好人民满意的高职教育”目标具有重要指导价值和实践意义。

第三节 “人民满意”的高职教育标准体系重构

“人民满意”的高职教育标准体系的建立既要符合“人民满意”的高职教育本身的运行规律，还应该从标准需求的视角出发，使其能够为高职教育管理部

① 徐国庆. 美国职业教育标准体系的构建及启示[J]. 比较教育研究，2012，34(6)：58-61；71.

门、院校管理层、学生以及社会经济体等多部门利益体服务。

一、高职教育标准体系编制依据和原则

高职教育标准体系编制依据主要来源于相关法律法规、国家教育部相关文件以及相关国家标准，主要包括《中华人民共和国教育法》、《中华人民共和国标准化法》、《教育部关于全面提高高等职业教育教学质量的若干意见》（教高〔2006〕1 号）、《国务院关于加快发展现代职业教育的决定》（国发〔2014〕19 号）、《现代职业教育体系建设规划（2014—2020 年）》（教发〔2014〕6 号）、《高等职业教育创新发展行动计划（2015—2018 年）》（教职成〔2015〕9 号）和《GB/T 13016-2009 标准体系表编制原则和要求》等。

编制“人民满意的高职教育”标准体系表①应遵循系统性、开放性、协调性和专业性四个原则：

（1）系统性原则。明确构建标准体系的目标，使其能够促使高职教育行业标准的组成更加合理、科学和全面，体现标准体系的系统性。

（2）开放性原则。标准体系应当充分具有可扩展性，能够在不同的环境下不断吸收新业态、新技术和新要求，通过不断吸收外部资源实现标准体系的自我完善和自我修正。

（3）协调性原则。标准体系中的各个标准应该协调一致，将标准安排在适当的层次，尽量拓展标准的使用范围，确保“人民满意”内涵内的高职教育标准层次与标准内容协调统一。

（4）专业性原则。标准体系中的各个标准应当各司其能，“人民满意”视角下的标准化对象及其要求存在很大差异，应有针对性地予以区分。如结果标准（教学规范）和过程标准（教学管理、控制、评价规范）不应混合在一个标准中，而是应该通过模块化细分提高标准的实用性和可操作性。

二、高职教育标准体系总体架构

在以上编制依据和编制原则的基础上，结合“人民满意的高职教育”的内涵、标准化原理、系统理论、高职教育相关法律法规的要求，依据高职教育的特点以及高职教育标准化活动的不同对象，且在区分是否与学生或教职人员直接

---

① 理论上，“人民满意”是本文构建高职教育标准体系的一个方向性指南，即在标准和标准体系构建过程中更加侧重于高职教育“产出”的标准；而在实践过程中，标准和标准体系的编制和构建过程的机理是无差异的。

或间接接触的基础上，将高职教育的标准体系分为高职教育基础标准体系、高职教育资源标准体系、高职教育设施标准体系和高职教育教学管理标准体系两个层次、四个子体系，体系总体架构如图 4-1 所示。

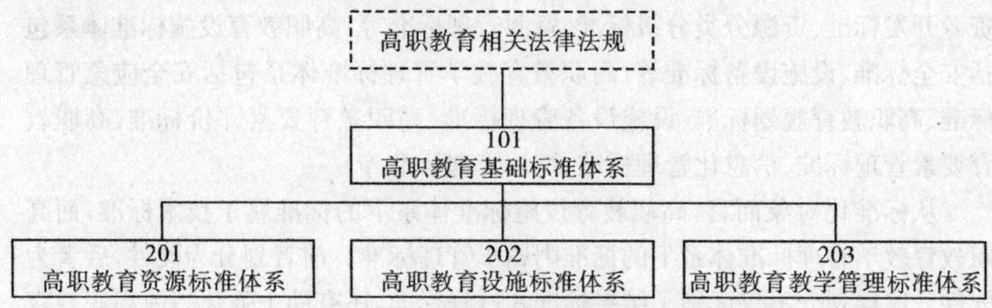

图 4-1 高职教育标准体系总体框架图

在区分是否与学生或教职人员直接或间接接触的基础上，高职教育标准体系架构主要分为两个层次。第一层次为高职教育基础标准体系，该体系中的标准在高职教育组织内部被普遍采用，由具有广泛性、普适性和指导性的国家和行业标准组成，是整个体系中其他标准制定、颁布和实施的依据与基础，不受高职教育主体类型、管理模式、发展水平、专业特点等因素的影响。第二层次是依据高职教育的特点以及高职教育标准化活动的不同对象，按照资源、硬件和软件进行分类，分为高职教育资源标准体系、高职教育设施标准体系和高职教育教学管理标准体系。高职教育资源是高职教育活动进行的前提，包括财政投入、生源、产学研基地、科研能力、师资队伍等。高职教育资源标准体系包括规范高职教育资源的认定开发、分类分级等标准；高职教育设施标准体系包括高职教育教学、学工、实验实训等活动依托的各种基础设施和相关设备等产品或技术标准，包括保障教学安全的强制性国家标准，这是提供平安校园、安全教学的保证；高职教育教学管理标准体系包括高职教育管理部门、职能管理部门对高职教育进行规范性管理的一系列标准，包括对设施设备的使用、组织机构建设、党建工作、科研要求、师资队伍建设等，它们是监督管理的准则。对高职教育教学进行管理是高职教育标准化的基本任务。

三、高职教育标准体系

在高职教育标准体系总体框架的基础上，借鉴李春田①、王季云和姜雨璐②

① 李春田. 企业标准体系结构改革创新之思考[J]. 信息技术与标准化，2015(5)：12-16；31.

② 王季云，姜雨璐. 旅游业标准体系的思考与重构[J]. 旅游学刊，2013，28(11)：67-74.

建立标准体系的思路，描述高职教育标准体系结构图，如图 4-2 所示。其中，高职教育基础标准体系包括标准化工作指南、术语与缩略语标准、符号与标志标准、数值与数据标准、量和单位标准、测量标准等；高职教育资源标准体系包括资源开发标准、资源分类分级标准、资源管理标准等；高职教育设施标准体系包括安全标准、设施设备标准等；高职教育教学管理标准体系包括安全应急管理标准、高职教育规划标准、设施设备管理标准、高职教育要素评价标准、高职教育要素管理标准、信息化管理标准、统计管理标准等。

从标准化对象而言，高职教育设施标准体系下的标准属于技术标准，而高职教育教学管理标准体系下的标准则属于管理标准。前者划分为硬件，后者为软件。这样划分不仅区别了结果标准和过程标准，还有助于强化当前高职教育软件类标准的改进与完善。

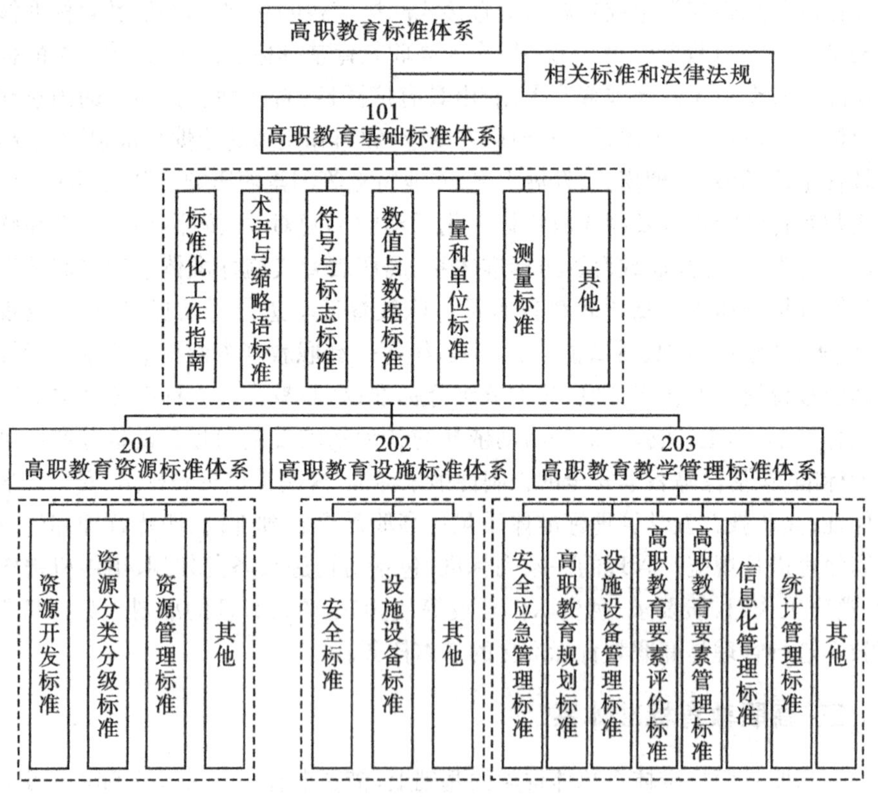

图 4-2　高职教育标准体系结构图

需要注意的是，安全标准和安全应急管理标准属于强制性标准，如果国家强制性标准存在缺失，可由地方标准或企业标准代替强制执行。四个子体系中还包括一项"其他"标准，表示该子体系可根据高职教育不同发展环境和阶段的需求，通过删减和扩充来完善标准体系，其宗旨是建立具有更大弹性的高职教育标准体系。

第四节 院校层面标准体系表应用说明

前文所述标准体系为高职教育行业标准体系。而标准体系有效实施的关键在于院校（企业），把握好院校层面（企业）的标准体系与行业标准体系的关系，是实现以上目标的核心内容。

一、院校层面（企业）标准体系表与行业标准体系表

参考企业标准化及标准体系的构建经验与启示，院校层面（企业）标准体系表是高职院校在国家法律法规的指导和约束下，结合自身专业特点和规划目标制定符合自身需要的一系列规范组成的有机体。参考《企业标准体系表编制指南》（GB/T 13017-2008），其中“6.3.1 设置原则”介绍了功能归口型结构和层次结构相结合的板块式企业标准体系表达模式，用“企业基础管理”、“资源管理”、“产品实现或服务提供”和“检查改进”四个模块分别涵盖管理标准和技术标准①。高职院校作为具有高职教育的提供方，在构建标准体系时既需要遵循国家关于高职院校编制相关标准体系的要求和工作指南，还应兼顾高职教育（行业）标准体系与院校层面（企业）标准体系的内在逻辑关系，建立与行业标准体系相辅相成的院校标准体系。

如前文所述，高职教育标准体系结构图是基于综合标准化以高职教育产品（人才培养）为标准化对象而构建的标准综合体，是模块式的行业标准体系。体系中“高职教育基础标准体系”对应“基础管理模块”，“高职教育资源标准体系”、“高职教育设施标准体系”和“高职教育教学管理标准体系”分别对应“资源管理”、“产品实现或服务提供”和“检查改进”三个模块。因此，在参考高职教育（行业）标准体系结构的基础上，结合《高等职业院校内部质量保证体系诊断与改进指导方案》（教职成司函〔2015〕168 号）中的《诊断项目参考表》，构建高职教育院校层面（企业）标准体系表，如图 4-3 所示。

其中，相关法律法规、高职教育（行业）标准体系和学校规划目标是构建高

① 《企业标准体系表编制指南》（GB/T 13017-2008）是 2008 年版，2016 年新版《标准化概论》中将工作标准纳入管理标准中，因此我们修正《企业标准体系表编制指南》中的内容，不再单独陈述工作标准。

职教育院校层面(企业)标准体系的依据,在院校层面(企业)标准体系主体框架以外,对整个标准体系发挥指导和规制的作用。标准体系整体上分为两个层次,第一层次为院校层面(企业)基础标准体系,第二层次为院校层面(企业)资源标准体系、院校层面(企业)设施标准体系和院校层面(企业)教学管理标准体系。简而言之,院校层面(企业)标准体系与高职教育(行业)标准体系是一脉相承、互为补充的关系。

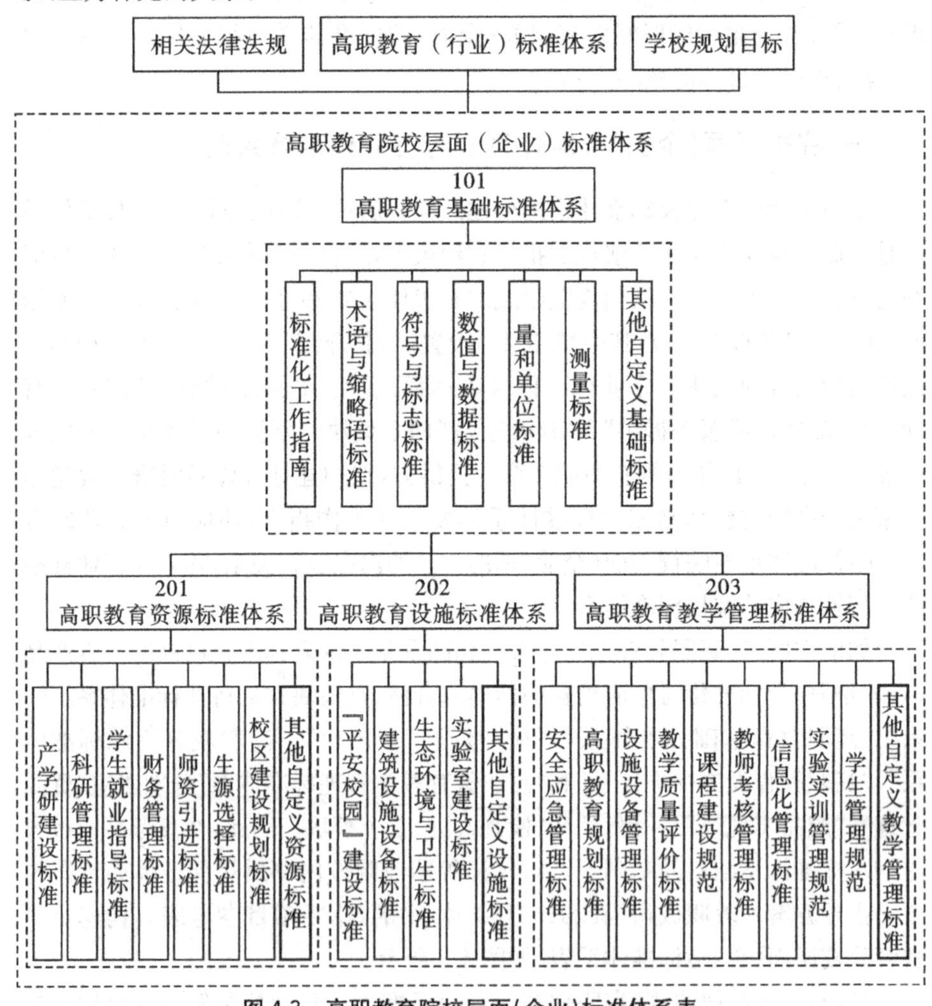

图 4-3　高职教育院校层面(企业)标准体系表

二、院校层面(企业)标准编制说明

高职教育院校层面(企业)标准体系是以高职院校的办学(或人才培养)质量为标准化对象而构建的,涉及高职院校教育管理与发展各个过程的标准。院校层面(企业)标准体系中的相关标准应包括高职院校直接采用的国家、行业和地方标准,也应包括高职院校在此基础上根据自身情况制定并实施的相关规范性文件①。当然,也应当鼓励和支持高职院校团体(教育联盟、教育联合会等)根据组织群体特点颁布适用的团体标准。

高职教育院校层面(企业)标准体系包括两个层次四个子体系:第一层次为院校层面(企业)基础标准体系,是高职院校教学管理活动中所涉及的国家、行业、地方和团体标准,以及高职院校自身制定的在学校内部广泛使用的通用标准(如校内文件管理规范)。第二层次包括院校层面(企业)资源标准体系、院校层面(企业)设施标准体系和院校层面(企业)教学管理标准体系。院校层面(企业)资源标准体系是高职院校在开展教学活动前,确保高职院校教、学、研活动能够有序开展的相关国家、行业、地方和团体标准,以及高职院校自身制定的学校(企业)标准和规范性文件;院校层面(企业)设施标准体系是高职院校开展教、学、研活动过程中,支持各项活动有效进行的相关国家、行业、地方和团体标准,以及高职院校自身制定的学校(企业)标准和规范性文件;院校层面(企业)教学管理标准体系是高职院校为达到办学(或人才培养)质量目标,规范直接或间接进行的教、学、研活动过程的相关国家、行业、地方和团体标准,以及高职院校自身制定的学校(企业)标准和规范性文件。这三个子体系在院校层面(企业)基础标准体系的指导下相互规制、互为补充。

高职院校有必要在高职教育院校层面(企业)标准体系表之外,列出编制体系表遵循的法律法规、发展规划目标和采用的行业标准体系框架等,如表4-2所示。

表4-2 建立高职院校标准体系表的依据

编号	名称	发布单位或主管部门
1	法律法规(与高职院校标准化工作相关的,如教育法、标准化法等)	
2	高职院校规划目标	
……	……	

综上所述,我们编制了高职教育院校层面(企业)标准体系各个子体系中相关标准并给出了相应定义,如表4-3所示。为高职院校根据自身实际及需求,选择相关国家、行业、地方和团体标准,以及编制适应自身的学校(企业)标准和规范性文件,提供了指导和参考。

① 国外通常不使用企业标准(enterprise standard)这一概念,企业层面的标准则习惯于用规范(specification)来识别。

表 4-3　高职教育院校层面(企业)标准体系表中标准的名称及定义

基础标准	定义
标准化工作指南	高职院校运行和管理活动中涉及的标准化工作相关国家、行业标准以及高职院校自身制定的标准化工作相关标准；
术语与缩略语标准	高职院校运行和管理活动中涉及的术语和缩略语相关国家、行业标准以及高职院校制定的用于学校内部信息沟通的概念定义和术语含义标准,包括中文名称、英文名称和术语定义；
符号与标志标准	高职院校运行和管理活动中涉及的符号与标志相关国家、行业标准以及高职院校自身制定的符号与标志的样式、颜色、字体、结构及其含义的规范性文件；
数值与数据标准	高职院校运行和管理活动涉及的数值和数据相关国家、行业和地方标准以及学校自身对数值与数据的判定与表示所制定的标准；
量和单位标准	高职院校运行和管理活动涉及的量和单位相关国家、行业和地方标准以及学校自身对量和单位的选用和确定的标准；
测量标准	高职院校运行和管理活动中使用的测量方法和设备相关国家、行业和地方标准以及学校自身制定的测量方法、程序、技术规范、测量记录、统计方法等规范性文件。
资源标准	定义
产学研建设标准	高职院校应采用和制定在产学研活动中,关于对合作方选择、经费投入、建设目标、考核管理等行为标准化管理的规范性文件；
科研管理标准	高职院校应采用和制定关于纵向科研、横向科研、论文发表、专利发明等组织、激励、控制和改进等进行标准化管理的规范性文件；
学生就业指导标准	高职院校应采用和制定关于就业信息管理、校园招聘活动组织、就业合作单位的选择等行为标准化管理的规范性文件；
财务管理标准	高职院校应采用和制定关于学校财务确认、计量、记录和报告过程中各类财务行为标准化管理的规范性文件；
师资引进标准	高职院校应采用和制定关于教师引进活动标准化管理的规范性文件；
生源选择标准	高职院校应采用和制定关于学校招生活动标准化管理的规范性文件；
校区建设规划标准	高职院校应采用和制定关于学校硬、软件规划和建设等活动标准化管理的规范性文件。

续表

设施标准	定义
“平安校园”建设标准	高职院校应采用和制定为实现“平安校园”目的的相关设施设备的采购、安装调试、维护保养等活动标准化管理的规范性文件；
建筑设施设备标准	高职院校应采用和制定能够维持教学活动、达到教学目的等而采用的建筑、设施、设备等相关技术标准；
生态环境与卫生标准	高职院校应采用和制定生态容量、生态保护规范，环境和卫生条件、环境保护、教学活动等场所环境卫生管理标准的规范性文件；
实验室建设标准	高职院校应采用和制定符合教学需求的实验场地、实验设施设备等相关技术标准。
教学管理标准	**定义**
安全应急管理标准	高职院校应采用和制定为保护学生、教职工等生命和财产安全的规范性文件；
高职教育规划标准	高职院校应采用和制定涉及院校发展战略制定、规划、实施以及控制的规范性文件；
设施设备管理标准	高职院校应采用和制定建筑、设施、设备等资产的采购、安装调试、使用、维护保养、停用改造和报废等活动标准化管理的规范性文件；
教学质量评价标准	高职院校应采用和制定对教学活动的有效性、适宜性和学生满意度等评价活动标准化管理的规范性文件；
课程建设规范	高职院校应采用和制定符合教学需求的相关课程设置、课程大纲编制、课程计划等活动标准化管理的规范性文件；
教师考核管理标准	高职院校应采用和制定对教师资质、配备与管理的相关规范性文件；
信息化管理标准	高职院校应采用和制定对信息通用、信息应用、信息管理和信息化建设等活动标准化管理的规范性文件；
实验实训管理规范	高职院校应采用和制定开展学生实验实训教学环节，满足教师教学目的、学生满意效果和符合教学质量的规范性文件；
学生管理规范	高职院校应采用和制定能实现教学互补、符合学生身心成长等的规范性文件。

第五节　结论及建议

我们在对已有高职教育标准及标准体系相关研究的基础上，结合国家标准中关于标准体系编制的相关条款，分析现有高职教育标准体系研究的不足，并结合本书研究主题，基于“人民满意的高职教育”的内涵重构了高职教育标准体系。重构后的高职教育标准体系基于标准采用方的视角，注重于体系内标准组成之间的逻辑性，相比已有的高职教育标准体系研究，重构体系的系统性、协调性和专业性，形成了一个有机整体，更加适宜高职院校的标准化管理框架，有利于“办好人民满意的高职教育”标准化进程的科学化、规范化和现代化。在已有高职教育标准体系的基础上，我们对高职教育标准子体系之间的内在逻辑关系进行了梳理和论证，并探讨了高职教育（行业）标准体系和院校层面（企业）标准体系的关系，提出了高职教育院校层面的标准体系框架，从而将高职教育（行业）标准体系和院校层面（企业）标准体系统一起来，目的在于提高标准体系的适用性，有利于高职院校开展标准化管理，推动高职教育标准化管理进程。

综上所述，基于重构的高职教育标准体系和体系表，结合高职教育标准体系现状，我们提出以下建议，以便更好地实现以上研究内容的指导或借鉴效应。

一、完善高职教育标准化专业组织体系

当前，我国教育标准化专业组织仅有教学仪器、教育技术、语言文字和教育服务四个标准化技术委员会，推进高职教育标准化显然缺乏专业的技术组织。有学者认为，教育标准的制定或颁布应由国务院或国家标准委颁布，才能确保国家教育标准的权威性、强制性和执行力①。然而，2017 年 11 月 4 日修订的标准化法第二条第三款规定“强制性标准必须执行”，结合 2015 年 3 月国务院发布的《深化标准化工作改革方案》中提出的“将现行强制性国家标准、行业标准和地方标准整合为强制性国家标准”，从立法层面上确保了强制性国家标准的权威性、强制性和执行力。但是高职教育标准体系仅仅依靠强制性国家标准显然是不充分的，借鉴标准化较成熟的行业，如钢铁和旅游行业的经验，高职教育应当构建“国家主导，行业指导，院校主体”三层次标准化组织体系来保障标准的充分供给。应在国家层面上主导编制高职教育相关的强制性标准；在行业层面上建立全国高

---

① 国家教育标准体系研究课题组. 国家教育标准体系的发展与完善[J]. 教育研究，2015,36(12):4-11.

职教育标准化专业技术委员会，编制高职教育相关的推荐性标准；在院校层面上除积极采用国家和行业标准以外，可依据自身特色编制相应的院校（企业）标准，鼓励高职院校自行编制不低于国家和行业标准的院校（企业）标准。

二、促进高职教育标准供给侧改革

我国现行国家教育标准供给相对单一，在现行的255项教育标准中，由教育部门主导编制的标准达到185项，占72.5%，显然无法满足高职教育与时俱进的发展需求。2016年3月国家标准委发布《关于培育和发展团体标准的指导意见》，鼓励“具有法人资格和相应专业技术能力的学会、协会、商会、联合会以及产业技术联盟等社会团体可协调相关市场主体自主制定发布团体标准，供社会自愿采用”。同年4月，又颁布了《团体标准化第1部分：良好行为指南》，明确定义团体标准是“由团体按照自行规定的标准制定程序制定并发布，供团体成员或社会自愿采用的标准”。2017年11月4日，第十二届全国人民代表大会常务委员会第三十次会议修订通过的《标准化法》第二条第二款：“标准包括国家标准、行业标准、地方标准和团体标准、企业标准”，明确了团体标准的法律地位，而第七条“国家鼓励企业、社会团体和教育、科研机构等开展或者参与标准化工作”和第十八条第一款“国家鼓励学会、协会、商会、联合会、产业技术联盟等社会团体协调相关市场主体共同制定满足市场和创新需要的团体标准，由本团体成员约定采用或者按照本团体的规定供社会自愿采用”，为高职院校、教育学会、教育联合会等具有法人资质的社会团体和机构参与制定并发布高职教育团体标准提供了法律保障。只要当执行标准的主体——高职院校在真正意义上参与了高职教育标准化工作，才能从适用、实用的角度解决高职教育供给侧改革的问题。

三、丰富高职教育标准化的广度和深度

无论是高职教育标准化实践，还是已有的高职教育标准化研究，大多局限于“质量”的话题，如办学质量、教育质量或教学质量等。高职教育是培养社会所需的职业技能型人才的社会复杂工程和系统工程，涉及技术、管理、实训、实践等一系列活动，当然也包括支持这些活动的保障工作，这些活动的标准化都需要综合考量，是一个综合标准化的过程①。一方面，需要丰富高职教育标准

① 综合标准化是指标准化对象及相关要素按其内在联系或功能要求以整体效益最优为目标而形成的相关指标协调优化、相互配合的标准综合体。

化的广度,实现由单一教育环节标准体系向高职教育系统性标准体系的转变,除了高职教育的核心内容教育质量以外,还需要综合全面考虑教育资源、教育设施以及相关管理工作的标准化问题;另一方面,需要丰富高职教育标准化的深度,既然这些活动的标准化是一个综合标准化动态优化的过程,那么拥有一个完善的标准体系也仅仅是基础或前提,还需要持续改进和完善各项标准,使整个标准体系内各项标准相互协调、相互补充、相互完善,最终达到标准体系整体效益最优的状态。

第五章　推进湖北高职院校办学质量提升的机制设计及建议

本章拟就如何提升湖北省高职院校办学质量的机制设计及相关建议展开研究，为进一步推进办好“人民满意”的高职教育建设明确方向。

第一节　影响“人民满意度”的主要因素

综合前文数据分析结论，我们认为影响湖北省高职院校“人民满意度”的主要原因有以下几点。

一、第三方评价体系的科学性有待提高

教育评价是当代教育水平提升的关键一环，它自身具备监督、向导和督促的功能，对教育的变革与进步有着极其重要的作用。高质量的教育评价，一方面可以为政府的相关教育工作作出贡献，另一方面对整个社会的发展有促进作用，是实现办好人民满意教育的重要途径。高职院校教育教学质量谈及的“第三方评价”指的是第三方的相关机构、相关企业或者第三人，应对高职院校教育教学相关的各个环节进行评价，客观地找出教育环节中存在的问题，并提出建设性方案①。

《教育部关于深入推进教育管办评分离、促进政府职能转变的若干意见》(教政法〔2015〕5 号)指出“要主动委托第三方开展全面、深入、客观的评估”；《教育部关于深化职业教育教学改革全面提高人才培养质量的若干意见》(教职成〔2015〕6 号)要求“加强行业指导、评价和服务”。受到国家相关政策的鼓励，高职院校对第三方评价工作的关注度日益上升，部分院校在第三方评价工作方面也形成了自己的院校特色，国家的政策导向也日益重视第三方评价工作。政府逐渐使用更有效的第三方评价方案来替代政府的评价方案。应引导学校从提高办学相关主体方

① 周开权. 基于国际比较的我国高职教育质量第三方评估发展趋势分析[J]. 湖北函授大学学报，2018，31(17)：11-13；19.

和利益相关方对人才培养工作满意度的方向入手，形成科学合理、全方位培养、全过程监控的人才培养体系，从而提高学校的人才培养水平和质量。

然而，综合已有研究和前文数据分析的结论来看，湖北省高职院校第三方评价虽然经历多年的探索与总结，仍然存在着科学性不足的问题，其原因主要集中于以下三个方面。

一是湖北省高职教育第三方评价的相关法律法规不健全。依据大部分发达国家发展经验，第三方评价的评估人员的权利与义务都得到了立法的保证。因为法律的强制效力作用，与高职院校紧密相关的用人单位履行作为第三方评价的评估人员的义务，一方面不积极参与高职院校优秀学生培养过程的企业逐步减少，另一方面减少了企业在人才招聘过程中“搭便车”的现象①。与此同时，第三方评价有了立法的保证，也对企业参与优秀人才培养过程的权利予以了保障，企业可以对优秀学生的培养提出有用的建议，依据企业自身的人才需求状况对院校进行相关的提议。

二是第三方评价的评估人员缺乏专业性。高职教育质量的评价工作具有系统性，涉及学校教育的方方面面，评价体系的构建应该具有有效性和可信性。已有发达国家经过长期实践，形成了具有特色化的评价体系。我国第三方评价体系的集中问题是人员遴选与评价体系构建的专业性不足，尤其是缺乏行业、企业、社会相关专业性经验的评估人员。

三是相关的企业与社会组织缺乏可靠性。一方面是由于相关法律和政策环境存在缺憾，还没有形成上述第三方参与高职院校办学质量评价的宏观环境，既缺乏外部强制力，又缺乏内部主动性，企业、行业以及社会组织参与的积极性有待提升；另一方面是湖北省内现有的第三方评价机构绝大部分是营利性的组织，它们在评价过程中不可避免地受到利益的驱使，难以保证评价结果的客观、公平、公正。

二、对接区域产业紧密度和专业结构有待优化

高职教育的发展状况与地方经济之间有着较高的关联度，有着不可分割的关联，它们相互促进、相辅相成。地方经济的良好发展可以推动高职教育的发展，也可以为高职教育的发展提供最基础的保障②。院校发展与产业发展之间形成

① 有观点认为，由于当前我国的第三方评价机构多隶属于政府部门，造成企业在高职教育“第三方评价”的参与度较小，企业作为职业教育“第三方”的权益地位未能得到保障，造成参与意愿以及积极性都较差。详见：李先军，陈琪. 英国私立高校第三方评估模式及其借鉴[J]. 重庆高教研究，2019，7(5)：104-116.

② 杜祥培. 地方高职院校服务地方经济发展的探索[J]. 教育与职业，2010(27)：22-24.

对接，可进一步对地方经济作出贡献，也能体现院校对服务地方经济发展的义务。

教育部曾经在《关于全面提高高等职业教育教学质量的若干意见》（教高〔2006〕16号）中明确指出：针对区域经济发展的要求，灵活调整和设置专业，是高等职业教育的一个重要特色。高职教育的产生就是为地方经济的发展作贡献，培养地方经济发展缺乏的优秀人才。基于这一目的，高职院校的专业设置结构应随着地方经济发展的动态做出相应的调整，使高职院校培养出来的学生能达到区域经济发展的人才要求，进而为区域经济的发展作出贡献。2010年5月经国务院常务会议审议通过的《国家中长期教育改革和发展规划纲要（2010—2020年）》把高职教育纳入到经济发展与产业发展规划中，使得高职教育专业设置与经济发展相一致。已有研究也一致认为高职院校的专业构成应高度对接区域经济的发展，以区域经济的发展状况为参照，高职院校应设置相应的特色化专业，培养区域经济发展需要的优秀人才①。

2019年，湖北省公布的高质量发展十大重点产业分别为集成电路、地球空间信息、新一代信息技术、智能制造、汽车、数字、生物、康养、新能源与新材料、航天航空等。而在湖北省职业院校开设的专业大类排名中，开设院校数量前五位的专业大类分别为财经商贸、电子信息、旅游、土木建筑、装备制造，主要对接的湖北十大重点产业仅有新一代信息技术、智能制造、汽车和数字等专业，而对接生物、康养、新能源与新材料的专业开设较少，对接地球空间信息、航空航天等的专业都不存在，如表5-1所示。

表5-1　湖北省十大重点产业及高职开设的热门专业

湖北省十大重点产业	湖北省高职开设前五的热门专业	近三年高职开设前五的热门专业	在校生规模前五的专业
集成电路、地球空间信息、新一代信息技术、智能制造、汽车、数字、生物、康养、新能源与新材料、航空航天	财经商贸、电子信息（对接新一代信息技术）、旅游、土木建筑、装备制造（对接汽车和数字）	会计、电子商务、物流管理、市场营销、酒店管理	会计、护理、学前教育、电子商务、计算机应用技术

注：本书依据《中共湖北省委湖北省人民政府关于推进全省十大重点产业高质量发展的意见》（鄂发〔2018〕32号）、《湖北省高等职业教育质量年度报告（2018）》整理。

由此可见，湖北省高职院校与区域产业发展对接上存在着紧密度不足的问

① 张海峰．基于区域产业布局的高职院校专业设置[J]．教育与职业，2014(32)：18-20.

题。一方面,政府宏观调控政策导向造成教育主管部门对高职专业设置的指导存在着系统性不足,加上高职院校对专业设置的整体规划意识缺乏,进而导致院校持续不断地扩大家长热衷专业的招生计划,如金融、会计、艺术类专业;对生源不足、人气不旺,甚至缺乏生源的专业则缺乏足够的重视和政策扶持,如现代纺织技术、现代农业技术、烹调工艺与营养类等。另一方面,高职院校办学经费的限制与实验实训需求上升的矛盾逐渐加剧,造成实验实训的场所有限,相关的教学设施未能及时按照产业发展需求更新,相当一部分的高职院校教学方式仍局限于传统教学方式,专业结构的失衡也就导致在产业变动过程中,对高职院校专业人才的供给难以匹配产业对人才的需求①。

此外,湖北省高职教育缺乏前瞻性规划还造成了同质化竞争严重。湖北省近三年开设院校数量排名前五位的专业分别是会计、电子商务、物流管理、市场营销、酒店管理,开设这 5 个专业的院校在 40 所左右;在校生规模排名前五位的专业分别是会计、护理、学前教育、电子商务、计算机应用技术。在专业设置方面,2018 年全省高职专业设置数 399 个,招生专业 363 个,专业布点数 1962 个,平均每个学校设置 33.25 个专业,而专业点每届生均学生仅为 67 人,专业设置偏多、同质化现象比较普遍。《国家中长期教育改革和发展规划纲要(2010—2020 年)》中明确指出:"发挥政策指导和资源配置的作用,引导大学合理定位,克服同质化倾向,形成各自的办学理念和风格,在不同层次、不同领域办出特色,争创一流。"②

综合而言,湖北省高职院校专业设置同质化现象严重的原因主要有以下两点。

一是高等职业院校对自身发展的定位不准确。美国著名教育学家克尔曾指出:"各国高校都应该根据自身条件来发展,模仿将是毁灭性的。"③我国高等职业教育发展的时间比较短,国内没有成熟的发展模式可供参考,完全是"摸着石头过河"。高等职业院校在办学过程中,不能进行准确的定位,继而常常出现两种现象:一种是模仿应用型本科进行教学定位,直接抄搬应用型本科的教学理念、人才培养方案等。尽管高等职业院校与应用型本科都是培养具有实践能

---

① 张舸.高职专业设置与区域产业调整动态对接研究[J].中国职业技术教育,2016(2):70-73.

② 耿秀秀,王振洪.品牌视角下破解高职教育同质化的路径[J].教育与职业,2014(3):5-7.

③ 王俊恒.从同质化到多样化:高等教育发展的应然走向[J].内蒙古师范大学学报(教育科学版),2012,25(9):1-4.

力的人才，但是二者的办学层次、教学基础设施、生源质量方面都有着明显的差别。另一种是高职院校的办学定位与中职院校一致，一味地培养学生的实践能力，忽视学生对专业知识储备的需求，致使中职与高职的边界逐渐模糊。

二是高职院校被经济利益所驱动。在校生越多，办学规模越大，国家划拨的经费就越多。当前，国家赋予民办高职院校一定的自主收费权，受经济利益所驱动，相当一部分民办高职院校不断扩大办学规模，照搬其他高职院校的办学模式，照搬对应的专业设置，对培养什么样的学生、如何培养学生、就业究竟如何之类的问题缺乏思考，造成同质化现象。

三、产教融合与校企合作领域有待进一步拓宽

产教融合、校企合作是发展现代高职教育的应有之义。无论是党的十九大报告提出的“要完善职业教育和培训体系，深化产教融合、校企合作”以及《国务院关于加快发展现代职业教育的决定》(国发〔2014〕19 号)中要求的“深化产教融合，鼓励行业和企业举办或参与举办职业教育，发挥企业重要办学主体作用”；还是教育部《高等职业教育创新发展行动计划(2015—2018 年)》(教职成〔2015〕9 号)中明确的“创新校企合作、工学结合的育人机制”、“推进支持社会力量参与职业教育的政策更加健全，产教融合发展成效更加明显”、“坚持产教融合、校企合作，推动高等职业教育与经济社会同步发展”，都可以看出“进一步推进产教深度融合、深化校企合作”是发展我国高职教育的重要战略选择①。

近年来，湖北省为加快产教融合、校企合作步伐，出台了一系列政策，各高职院校也积极创新校企合作体制机制，但合作整体深度和广度还不够，社会服务能力还较弱。2018 年，全省高职院校产学合作企业 10069 个，校均 183 个，每个专业点平均仅 5.1 个；全年合作企业接收高职院校顶岗实习学生 92118 人，校均 1561 人，每个专业点平均仅 47 人；订单培养学生 59985 人，校均 1090 人；校企合作开发课程 3418 门，校均仅 62 门；合作开发教材 1916 种，校均仅 38 种；合作企业支持学校兼职教师 7629 人，校均仅 129 人；学校为企业提供技术服务年收入为 14897.96 万元，校均仅 252.5 万元；培训员工 106.04 万人次，每个专业点平均仅 540 人次。

上述院校数据相较于江苏、浙江等沿海省份的高职院校办学整体表现不足，缺乏深度与广度，主要体现在以下两个方面：

---

① 孙杰，周桂瑾，徐安林，等. 高职教育推进产教融合、校企合作机制改革的研究与实践：以无锡职业技术学院为例[J]. 中国职业技术教育，2018(3)：59-62.

一方面，企业合作意愿不足。事实上，校企合作与产教融合的进展并不完美，主要表现在高职院校的热情很高，相对主动；而企业的积极性并不很高，处于被动地位。具有实质意义的校企合作内容并不丰富，仍仅停留在表层，企业很少能够积极参与优秀人才的培养与培训工作，更不用说企业提供优质资源了。

另一方面，校企合作水平较低。校企合作与产教融合的终极目标是实现学校与企业之间的互利共赢，共同发展。但是，目前在校企合作和产教融合的运行机制中，双方利益平衡点的把握不是很准确，导致校企合作水平较低。

四、院校治理和保障能力现代化有待加强

国务院在《关于加快发展现代职业教育的决定》(国发〔2014〕19 号)中明确指出：“完善质量保障机制，落实各级政府责任，放管结合完善依法治校，逐步形成政府依法履职、院校自主保证、社会广泛参与，教育内部保障与教育外部评价协调的现代职业教育质量保障机制。”在院校保障能力方面，应落实生均拨款政策，建立多渠道筹资机制，提高经费保障水平；而在院校治理水平这一指标上，应确保落实《高等学校章程制定暂行办法》，对高职院校的治理结构进行进一步的完善。提升高等职业院校的治理能力，一方面是国家全面深化改革总目标的要求，另一方面也是高等职业院校可持续发展的内在要求。简言之，高职院校要重视对院校治理能力的建设，但治理能力的建设离不开有效运行机制的保障。因此，高职院校应当在建设治理能力的同时，重视运行机制保障能力的建设①。

近年来，湖北省加大了对职业教育的支持力度，尤其是制定《湖北省创新发展行动计划实施方案(2017—2020)》后，各院校也不断加强投入，办学条件不断改善，有效地推动了职业院校的快速发展，但与中部地区其他省份相比仍存在较大的提升空间。一是在财政经费投入上，2018 年全省生均财政专项经费仅 5486.69 元，还未达到 12000 元标准的半数②。生均财政专项实习补贴仅 122.13 元，生均财政专项实习责任保险补贴仅 21.44 元。二是在经费来源上，大部分院校经费来源主体是财政拨款和学费收入，校企合作收入、社会培训收入、科研经费收入占比较小，学校自我造血功能严重不足。三是在教师队伍保障上，2018 年全省高职院校专任教师 17923 人，折算生师比为 24∶1，每校平均仅 303 名教师。四是在内部治理上，大部分院校的管理制度体系没有根据职业

① 孙长坪.高职院校治理能力建设的运行机制建设路径[J].教育理论与实践，2019，39(15)：24-26.

② 详见 2017 年 3 月 6 日由湖北省财政厅、湖北省教育厅印发的《湖北省高职职业教育质量提升计划奖补资金管理暂行办法》(鄂财教规〔2017〕1 号)第三章第八条。

教育发展的新要求进行系统的修订和梳理，部分院校没有建立内部质量保证体系并以此开展教学诊断与改进工作。大部分院校对信息化管理手段不够重视，完全建立了教学管理、学生管理、招生就业、行政办公、人事管理、科研管理、财务管理、后勤管理以及教学资源管理平台的院校仅15所，占25.4%。全省仍有5所院校未建立教学管理系统。

国务院《关于加快发展现代职业教育的决定》认为："当前职业教育还不能完全适应经济社会发展的需要，结构不尽合理，质量有待提高，办学条件薄弱，体制机制不畅。"造成上述问题的原因是多方面的，而针对湖北省高职院校发展中出现的问题，发现很重要的原因就是院校的治理和保障能力存在缺漏，具体表现为以下几个方面：一是院校的经费来源有限，进而导致其整体办学条件较为薄弱，保障能力有待加强，保障体系不够健全；二是治理理念有待提高，多元化与治理过程仍有待深入和完善，科学化、民主化管理亟待加强；三是各个行为主体在整个保障和治理体系中的关系不够明确，仍需进一步理顺等。

第二节　"放管服"改革视域下教育管理部门评价机制设计

在国家全面深化改革，特别是"放管服"改革的大背景下，教育系统推进"管办评"分离改革，以加快实现教育治理体系和治理能力的现代化。本节与下一节基于"放管服"改革与"管办评"改革不同侧重视角，分别从高职教育管理部门和高职院校两个层面给出相关机制设计的建议。

一、构建"放管服"改革与"管办评"改革的模块化设计机制

模块化是一种有效处理复杂系统的战略过程①，模块是分解和整合的基础②。当前，模块化是一种处理复杂系统的方式，系统中模块是可组合、可分解和可更换的单元，每个模块完成一个特定的子功能，所有的模块按照某种方法组装起来，成为一个整体，进而完成整个系统所要求的功能③。

高职教育系统也是一个复杂系统，是一个以事实知识和技能诀窍为材料，

① BALDWIN C Y, CLARK K B. Managing in an age of modularity[J]. Harvard business review, 1997, 75(5): 84-93.

② 青木昌彦，安藤晴彦.模块化时代：新产业结构的本质[M].周国荣，译.上海：上海远东出版社，2003.

③ 李春田.复杂产品系统的标准化模式研究[J].信息技术与标准化，2015(4)：46-50；55.

以工作、信念和权力为组织要素的复杂组织系统①。依据模块化设计规则，对于复杂系统的管理，唯一也是最有效的方法就是将其分解，找到自然分解点，将系统的复杂性通过分解得到很好的隐藏。

一个分解为模块的系统应当包括把信息划分为看得见的设计规则和隐形的设计规则。如图 5-1 所示，整个教育活动被白色线条拆分成若干个模块，白色线条就是高职教育系统的"设计规则"，也称之为显性信息（规则）；而黑色部分就是被隐藏的信息，也称之为隐性信息（规则），如模块 A 和 B。隐性模块在充分保证其多样性的同时，又能够遵循整体系统的显性"设计规则"，从而达到子系统促进整体系统发展的目的。

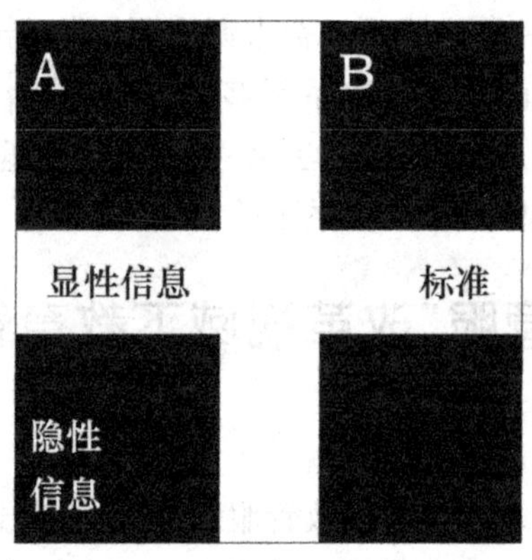

图 5-1　模块化设计结构模型

模块化设计下的高职教育复杂系统，一方面，最大限度地保留了各个子模块或子系统（可视为某一高职院校）的个性化特征，由隐性规则来完成；另一方面，最大限度地保留了促进整个复杂系统（高职教育系统）持续发展的标准化特征，由显性规则来实现。2015 年 5 月，教育部印发《关于深入推进教育管办评分离　促进政府职能转变的若干意见》（教政法〔2015〕5 号），为政府、学校、社会各界三方依法履行自己的职责提供了有力的保障，同时，也为高等职业教育的管办评教育改革提供了有力的保障。随后，2017 年 3 月，教育部等五部门印发《关于深化高等教育领域简政放权放管结合优化服务改革的若干意见》对高等院校专业设置的机制等八个方面的改革提出了要求，国家将高等院校办学的权力下放，返还到当地政府与高校手中。

依据前文所述模块化设计规则，我们认为，"放管服"改革与"管办评"改革

① 克拉克.高等教育新论：多学科的研究[M]. 王承绪，等译. 杭州：浙江教育出版社，2001.

之间存在较强的逻辑关系,如图 5-2 所示。由此可推断,“放管服”改革事实上是对教育复杂系统(包括高职教育复杂系统)的一次模块化设计变革,“放”其实是对系统的分解,明确政府、院校之间的边界,为显性规则和隐性规则的制定提供依据,本质上对于高职教育而言,核心是引导高校合理定位,办出特色,防止“同质化”。“管”①实质上是政府部门明确自己的权限范围,即显性规则的制定,也是对院校办学所提的最低质量标准,同时也是政府部门“放”权后,对高职教育管理部门规范、评价、激励等的指导范畴,以及高职院校自主发展的职、责、权等进行明晰。“服”理论上是协调“放”和“管”的手段,一方面进一步强调“放”权后政府与院校的边界标准,另一方面通过多种手段来引导高职院校完成模块化转变,敦促高职院校遵循并达成政府办学质量要求的同时实现院校特色化、差异化、多元化发展。

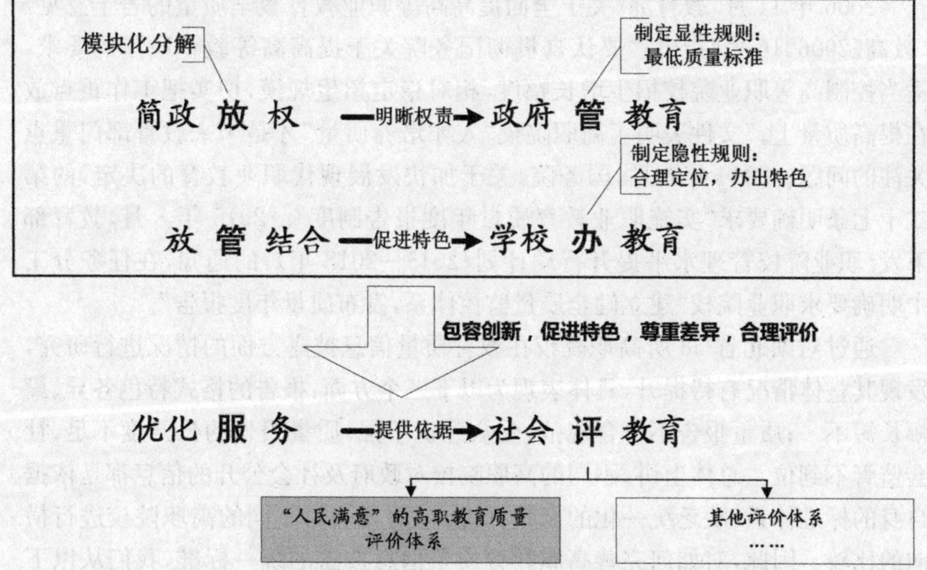

图 5-2　“放管服”改革视域下“管办评”改革逻辑思路示意图

严格来说,“放管服”改革是“管办评”改革的前提,或者说,“放”是二者改革的前提,“放”权后各高职院校在“放管结合”的显性规则下,充分结合本校的资源禀赋、发展定位、比较优势等因素制定最符合本校特色发展的战略规划,也就是模块化设计规则中的隐性信息(规则)。

然而,政府“放”权范围的大小、院校发展特色化程度的高低、院校的发展是

① 我们认为“放管服”与“管办评”之间的“管”其内涵是一致的。

否符合高职教育的整体规划等问题如何评价，又如何校正完善等，则由“评”来实现。理论而言，“评”指的是第三方机构基于政府管教育的显性规则与学校办教育的隐性规则之间的协调程度，结合政府的优化服务水平，对高职教育进行包容创新，促进特色，尊重差异且合理的评价。实际上，“放”权背景下的政府部门与高职院校之间的目标是存在一定差异的，一方面，政府部门希望高职院校能够“发展更加公平更有质量的教育”①，让“人民满意”；另一方面，高职院校希望政府能够在其差异化、特色化的发展过程中给予最大的指导和扶持。因此，二者之间需要通过“服”来实现“协商一致”形成评价标准②，从而实现包容创新，促进特色，尊重差异且合理的第三方评价。

二、完善高职教育质量信息披露标准体系

2006 年 11 月，教育部《关于全面提高高等职业教育教学质量的若干意见》(教高〔2006〕16 号)指出：“要认真贯彻国务院关于提高高等教育质量的要求，适当控制高等职业院校招生增长幅度，相对稳定招生规模，切实把工作重点放在提高质量上。”文件表明了高职院校“人才培养质量”才是未来教育部门重点关注的问题。2014 年 6 月，国务院《关于加快发展现代职业教育的决定》的第二十七条明确要求“实施职业教育质量年度报告制度”。2015 年 8 月，教育部下发《职业院校管理水平提升行动计划(2015—2018 年)》的通知，在任务分工中明确要求职业院校“建立健全质量监控体系，发布质量年度报告”。

通过对湖北省 58 所高职院校在教育质量信息披露方面的情况进行研究，发现其整体情况有待提升，具体表现为以下三个方面：报告的格式特色各异、篇幅长短不一；质量报告不符合规范，受众意识不强；质量报告的公开度不足，社会监管不到位。总体上讲，不同的高职院校对政府及社会公开的信息都是依据自身的标准体系，缺乏统一化的衡量标准，进而无法对不同的高职院校进行横向的比较。因此，对如何完善高职教育质量信息披露的统一标准，我们从以下三个方面提出相关建议。

一是指标体系要明确、科学、具体，增强可比性。高等职业院校的指标评价体系包括了两个方面，一个是内部评价体系，另一个是外部评价体系。它们在内容上具有多样性，但是都离不开这三大类别，即资源性指标、过程性指标、结

① 张烁，姚雪青．让教育托起明天的希望[N]．人民日报，2019-03-12(8)．

② 标准化原理明确“(评价)标准是协商一致的产物”，我们认为，合理的第三方评价应该是被评价的高职院校们与需要评价结果的政府、社会、教师、学生等“人民”之间充分协商后所形成的“评价”方案，再交与不相关的第三方执行并公布的过程。

果性指标。这三种指标需要遵循相同的标准,高职院校需在此基础上建立指标评体系。

二是报告载体的表现形式多样化,让社会公众能够看懂、想看,语言尽量简洁、通俗易懂。高职院校在编写质量年报之前,应通过调研去获得社会公众想要了解的内容,并用最通俗的语言表达出质量年报所要承载的内容。质量年报应避免出现太过专业的术语,避免制造社会公众对质量年报理解的屏障。

三是对信息披露的机制进行完善。质量年报的信息披露工作应当是社会各界人士共同参与的,因为它代表的是全社会各级各类人员对院校的期望,因此,不管是公办院校还是民办院校,都应当积极履行向社会公众发布质量年报的职责。当然,在实施这些措施的过程中,政府和第三方评价机构也应当发挥作用。高职教育质量报告的编写作为高职院校履行社会责任与谋求院校发展的必要手段,依旧处于"摸着石头过河"的阶段,其离社会公众的需求还有一段距离。相关的政府与教育部门应该纵览全局,准确地把握高等职业教育发展的现状以及未来的发展方向,予以积极的政策指引。

除此之外,还需要相关第三方机构,利用大数据分析,准确把握经济发展状况与人才需求之间的配比,进而使高职院校更好地对自己的专业体系进行科学设置,优化学校的资源配置,对学校所培养的人才有更准确的把握,更好地完善质量年报。质量年报通过社会各界人士的协助与努力,可以发挥更大的价值。

三、建立合理第三方评价主体和标准体系

2011 年 9 月,教育部、财政部联合下发的《关于支持高等职业学校提升专业服务产业发展能力》(教职成〔2011〕11 号)明确提出,在中央财政支持的高职建设专业要"建立就业单位、行业协会、学生及其家长、研究机构等利益相关方共同参与的第三方人才培养质量评价制度"。2014 年 6 月,国务院印发《关于加快发展现代职业教育的决定》(国发〔2014〕19 号)提出"完善职业教育质量评价制度,注重发挥行业、用人单位作用,积极支持第三方机构开展评估"。2015 年 11 月,《高等职业教育创新发展行动计划(2015—2018 年)》提出"推动高职专业质量评价体系改革与完善"。2019 年 1 月国务院印发《国家职业教育改革实施方案》,提出"建立健全职业教育质量评价和督导评估制度"。2019 年 2 月国务院印发《中国教育现代化 2035》中提到"综合运用招生计划、就业反馈、拨款、标准、评估等方式,引导高等学校和职业学院及时调整学科专业结构"。概言之,以上政策要求主要集中于:高等职业院校应当结合院校专业设置的特点,用科学的方法去建立第三方评价体系,进而使高职院校得到持续性的发展。

通过对搜集的数据进行分析，我们认为，湖北省高职教育在社会认可度和教师满意度方面，58 所高职院校的得分差异性显著，而在政府认可度和学生满意度方面，58 所高职院校的得分差异性并不显著。可以初步推断，以往质量评价的第三方合理性并未得到体现，院校间的差异在一定程度上是客观存在的，一方面是院校的发展存在资源禀赋的差异，另一方面是第三方的合理性造成的客观需求差异，如不同的企业对院校科研合作或人才培养需求不同。因此，院校间的差异性不显著显然是第三方的合理性引导出现了问题。

我们需要从以下两个方面来进行优化，建立合理的第三方评价主体和标准体系。

第一，建立多元化的高职教育质量评价指标体系。多元化的主体不仅仅包括政府和教育部门，也包括院校、公司和社会公众。建立多元化的评价主体，一方面高职院校可以准确地了解企业缺乏哪个方面的人才，提高专业设置对产业变化响应的速度；另一方面，政府及教育主管部门也可以最直接地掌握社会人才需求的变动，可以制定更符合现实状况的政策来推动高职教育的发展。多元化的评价主体，使得社会各界对高职教育质量评价指标体系都有促进作用，在更好地促进高职院校自身发展的同时，也对社会经济的发展作出贡献，二者相辅相成、相互促进。

第二，建立科学的高职教育质量评价指标体系。高等职业院校应当强化质量观念，高职教育的各个环节应建立严格的质量控制标准，注重管理过程的控制，进而对学校的各项活动进行规范化的管理。具体可以从以下三个方面进行，一是高职教育质量评价标准要与产业需求相对接。要调动企业与行业的积极性，使其积极参与高等职业院校质量评价指标体系的构建，依据市场的变化情况，同步地调整高职教育质量评价指标体系。二是关注高职教育质量评价指标体系的关键环节。对于专业体系的构建、课程体系的构建、优秀人才的培养、师资力量的来源、科研与技术水平的提升等关键环节，都应当有详细的计划与足够的资源来支撑，明确质量控制过程的关键环节并做好控制。三是高职教育的质量评价标准要加大对国际标准的开发力度。当前，中国的高等职业教育在全球缺乏强有力的竞争力，由于经济全球化的原因，我国必须对高等职业教育重视。高职院校应当积极参与关于高等职业教育发展相关国际标准的制定，加强国内高职教育在全球的竞争力，使中国的职业教育面向全世界，增强国家的软实力。

四、提供大数据技术下高职教育实时监测服务机制

根据教育部《高等职业院校内部质量保证体系诊断与改进指导方案》，高等

职业院校应当采用大数据技术来监测高等职业教育的发展质量，详细地分析影响高职教育质量的因素，重视大数据平台的建设，以便于观察与控制高等职业教育的质量①，除此之外，还应该通过大数据来深入分析与高职教育质量相关的数据，提升高职教育质量的检测水平②。在政府评价这一指标上，湖北省58所高职院校可以充分利用大数据技术的支持，减少工作人员的工作量和提高工作效率，提高评估的准确性与及时性。

高职教育在发展过程中遇到的实际问题，应该利用大数据技术来协助解决。即用数据分析相关因素，找寻对高职教育质量影响最多的关键因素，从而来构建科学的高职教育质量检测体系③。《国家中长期教育改革和发展规划纲要(2010—2020年)》中提到，高职院校要完善院校的管理信息系统，增强大数据技术在教学系统中的应用，实现多媒体教学与办公，增强师生对大数据技术的重视程度。

从已有的研究和实践来看，大数据技术下高职教育实时监测服务存在以下三个方面问题：一是传统高职教育监测思维模式难以改变，二是大数据特征与高职教育监测的环境不适应，三是相关法律和规章制度不完善④。针对以上大数据技术下高职教育实时监测服务存在的问题，我们从三个方面提出相关建议。

首先，树立大数据意识，转变教育监测思维模式。师生应转变思维模式，树立正确的大数据思维方式。高等职业教育要跟上技术发展的步伐，适应大数据对整个社会产生的变化，运用创新思维，养成大数据时代背景下良好的思维方式。

其次，搭建大数据处理平台，优化教育环境。高等职业院校要有针对性地搭建适用学校发展状况的大数据平台，建立有助于高职院校发展的科学数据管理平台。加强学校的信息化管理，强化网站的运行能力，构建数字校园，这些都能够为高等职业教育的监测发挥积极的作用。

最后，建立健全大数据技术下高职教育实时监测管理机制，完善大数据法

---

①　乔刚，周文辉.高等教育质量监测数据平台建设：理念、框架与路径[J].清华大学教育研究，2017，38(1)：57-63.

②　杨桂林.高等职业教育质量评价发展研究初探[J].中国职业技术教育，2016(21)：70-73.

③　王锋，王翔宇，秦文臻.大数据驱动的高等教育质量监测评估关键技术研究[J].黑龙江高教研究，2017(6)：80-83.

④　王磊强.大数据时代高职院校思想政治教育的创新研究[D].西安：西安理工大学，2018.

律法规。大数据技术下的时代背景发生了一定的变化，新的时代背景关于大数据的发展也会有不完善的地方，这就需要国家有关部门通过立法来保障大数据技术在整个社会中的健康运行，也使高校在运用大数据技术进行实时监测时更加稳健、有效。

第三节 “管办评”分离制度下高职院校内部保障机制设计

一、完善高职教育建设与发展标准指引机制

《国家中长期教育改革和发展规划纲要(2010—2020年)》明确提出“制定教育质量国家标准”，“建立和完善国家教育基本标准”。《国家教育事业发展第十二个五年规划》也提出：“建立健全具有国际视野、适合中国国情、涵盖各级各类教育的国家教育标准体系。”建立和完善国家教育标准体系(包括高职教育质量评价指标体系)，对于促进经济社会发展、建成富强民主文明和谐的社会主义现代化国家具有十分重要的意义，也是推进依法治教、促进教育公平、提高教育质量的必然选择。

在很长一段时间里，标准和标准化的研究与实践主要应用于工业领域，直至20世纪70年代，标准才以现代管理领域为突破口，逐渐实现全方位的发展。教育标准体系的构建有别于工业标准体系的构建，原因在于工业标准体系的构建主要强调过程控制，教育标准体系的构建则强调产出的重要性，即重“产出”，轻“投入”。教育标准体系的构建重“产出”，才会使“人民满意”的高职教育质量评价指标体系更具有现实意义。

我们采取“标准化+‘人民满意’的高职教育质量评价指标体系”的评价方案。标准化的高职教育质量评价指标体系的构建必须与“人民满意”相结合，其更加注重以产出指标为导向，才能达到提升人民满意度的目的，“人民满意”是高职教育办学的核心精髓和终极归宿。将“人民满意”作为检验、评价高职教育办学实践的客观与价值标准，通过建立“人民满意”的高职教育质量评价指标体系，可推动院校在巩固和强化自身教育特色和优势的同时，科学制定竞争策略以更好地提高人才培养质量。

基于标准化原理，高职院校建立涵盖高职院校教学、课程、专业、日常运行、管理服务、满意度评价、诊断与持续改进等内容的结构合理、协调性好、适用性与可操作性强的标准体系，对“人民满意”的高职教育质量评价指标体系的构建

有着强大的助推作用①。高职院校应遵循“精简、统一、协调、优化”的标准化原理，研究构建高职院校中的专业标准体系、课程标准体系、教学标准体系、日常运行管理服务标准体系、诊断与持续改进标准体系，助推“人民满意”的高职教育质量评价指标体系的构建。开展“标准化+‘人民满意’的高职教育质量评价指标体系”行动，构建“人民满意”的高职教育质量评价指标体系，对规范高职教育发展、提高高职教育发展质量和水平具有重要的意义。

二、强化办学“产出”的评价导向机制

高等职业教育产出的重要指标在于人才培养，以及建立在人才培养基础上的各种社会服务、教育科研和文化创造等②。我们在探讨高等职业教育产出的指标体系的基础上，通过分析湖北省 58 所高职院校在政府认可度、社会认可度、教师满意度以及学生满意度四个维度下教育投入与产出指标的整体现状，提出推动高职院校教育产出的路径，强化办学产出的评价导向。

通过对搜集的数据分析，我们发现，58 所高职院校在校园文化、后勤服务等产出指标上的得分存在较大差异，在学业就业方面的差异较小。实行产出性评价指标的好处就在于它表明质量不仅仅取决于资金投入，还取决于教育过程的良性操作，提醒高职院校从过程和结果上寻找教育系统的薄弱环节，积极采取措施提高教育效率和质量。如对于校园文化这项产出指标，它主要包括校园精神、校园活动、校园环境三方面，一方面校园文化需要前期资金的投入以及优质的教师团队来形成，另一方面校园文化的浓厚程度与院校建立的时间有较大联系，因为其需要在长期的文化创造过程中积淀、整合与提炼，且校园文化成效的显现时间较长，因此院校之间在该指标上存在较大差异。由此可知，实行产出性评价指标更加具有说服力，故需要强化办学产出的评价导向机制。我们结合湖北省 58 所高职院校发展实际，从“放管服”改革要求出发，提出以下建议。

一是严格贯彻政府教育改革政策。良好的政策是高职教育稳定、快速、有序发展的制度保证。在教育政策的引导下，高职院校要重视教育质量的产出性评价，进一步完善学校内部教育质量监控体系。一方面，政府要转变对高职教育的监管方式，强化统筹指导，对高职院校办学过程的管理转向管标准、管准

---

① 邓红军，李若淳，孙元飞，等. 基于标准化视角的优质高职院校标准体系构建研究[J]. 中国标准化，2018(15)：118-123.

② 王超辉，冯彩芸. 高等职业院校教育产出现状研究：以广州市属高职院校为例[J]. 广州职业教育论坛，2015，14(1)：27-31.

入、管质量，实现“管办评”分离，保障高职院校的办学自主权，进而促进教育投入产出效益最大化。另一方面，推动高职院校建立技术技能人才培养的协同创新机制，创新办学体制机制，提升高职教育对区域产业转型升级的支撑与服务能力，优化院校专业结构，提高专业对经济社会发展的适应性。

二是深化校企合作机制。校企合作、工学结合是高职教育人才培养的重要途径，也是高职教育产出的重要表现形式。一方面，密切联系行业企业，参照职业岗位任职要求，校企共同制订专业人才培养方案，共同完成课程开发、教材编写、实习评价等任务。另一方面，积极探索人才培养质量评价改革，建立就业单位、行业协会、学生及家长、研究机构等第三方人才培养质量评价制度，重视就业率、就业质量、企业满意度、创业成效等指标。

三是加快提升社会服务能力的速度。高职教育的主要宗旨是为本地区经济建设服务，因此，提升社会服务能力是推动高职教育产出的主要路径。高职院校需要充分发挥教育资源的优势，主动结合行业、企业和区域经济社会发展需求；同时，积极搭建高等职业院校专业服务产业的共享平台，提供大量的精品开放课程，不断提升社会服务能力、扩大服务范围。

四是持续提高科学研究水平。教育教学研究工作是高职教育产出质量的重要保障。一个学校办学层次会有高有低，办学规模会有大有小，办学条件会有好有差，但教育教学研究工作的重要性、地位和作用是无差异的。一方面，需要政府和学校进一步转变教育观念，学习高职教育理论，接受高职教育新理念；另一方面，实践性和理论性并重是高等职业教育的本质，需要学校加强与行业企业在科技项目的研发合作，积极申报技术专利项目。

总之，高校需要重视教育质量产出方面的评价，进一步完善学校内部教育质量监控体系。值得警惕的是，近年来很多学校把主要精力集中在教育投入，如加大基础设施规模、高层次人才引进等方面，而有关部门在审查学校教育质量时过多地参照投入性指标，也给高校办学方向造成误导。

三、强调实现“人民满意”前提下的特色化办学机制

近几年，国家不断加大对职业教育的重视力度。2014 年国务院印发了《关于加快发展现代职业教育的决定》（国发〔2014〕19 号），在总体要求中提出了“产教融合、特色办学”，特别指出“职业教育规划与经济社会发展同步……突出职业院校办学特色，强化校企协同育人”。

一般而言，高职教育办学特色有两层含义：一是高职教育有别于普通高等教育的职业特色；二是根据区域不同、产业有别而形成高职院校各自的办学特

色①。现在我们所讨论的高职教育办学特色更多地集中在后者，即高职院校自身的办学特色。然而，后者的讨论应该是基于前者清晰定位的基础上，即后者成立的前提是前者。但事实上，仍有一定数量的高职院校在办学定位上未能准确把握，出现了很多高职院校把院校规划、办学定位侧重于如何升本、如何让学生能进行专升本的教学与应试上，完全失去了高职教育应有的本旨与职业特色。

通过对搜集的数据进行分析，我们发现湖北省58所高职院校在内涵建设、教学服务、校园文化以及日常管理等指标上的得分均相对较低，且无显著差异。如在教学服务上，学校的专业建设和课程设置如果没有自身特色，就会出现教师没有教育热情、学生缺乏学习热情的情况；而在校园文化上，学校的文化建设趋同，不能很好地体现院校的自身优势及特色，院校的发展势必会缺乏核心竞争力和凝聚力，不利于学校的长远发展。因此，高职院校需要准确把握办学定位，大力培养和发展自身的优势专业和特色学科，营造有自身特色的校园文化氛围。我们结合湖北省58所高职院校实际发展优势与特色，从以下几个方面提出促进高职院校特色化办学的建议。

一是以专业建设为基点，形成专业特色。高职教育的主要任务是培养面向生产、建设、管理、服务一线的高素质应用型技术技能人才。因此，高职教育特色化发展模式首先要以专业建设为基点，以专业人才培养目标为核心，设置课程及课程教学标准，进而形成人才培养方案。学校要以专业建设为基点，整合校内资源，以专业建设发展为蓝图，做好教育教学工作，尤其应当重视专业师资队伍建设和校内实训基地建设，突出专业的应用型特色。

二是以校企合作为基础，形成社会服务特色。校企合作是高职特色教育发展的基础。与普通高等教育不同，高职院校的办学定位是培养实用型人才，其教育教学必须紧密结合社会经济发展与企业自身要求，因此，高职院校的校企合作办学是高职教育的特色之一。当前，校企合作办学呈现出新的趋势——鼓励各学校发挥主观能动性，突出办学特色，以政府规划为主导、行业标准为参考，积极联系企业进行合作办学，通过与企业联合共建育人平台、共组教学团队、共创实习基地、共享资源设备，形成学校、企业全方位、多层次的合作关系，建立协同发展的教学体系，形成优势互补、互利双赢的局面，提高学生的综合能力。

---

① 王志昌. 高职教育办学定位与办学特色探析[J]. 教育教学论坛，2017(24)：249-250.

三是以工学结合为主线，形成应用实践特色。高职特色办学模式的主线是工学结合。学校通过工学结合，才能培养出既有职业素养又有职业技能的高素质综合性技能型人才。其中，顶岗实习是目前高职院校用得最多、效果较好的模式。顶岗实习要建立相应的考核评价机制，避免出现学生实习形式化、走过场的情况，要让学生切实在工作中接受考验，锻炼自身的能力与职业素养。

四是加强“双师型”教师队伍建设，形成师资特色。师资队伍建设的水平和程度不仅决定了人才培养的层次，甚至影响着学校整体发展战略。“双师型”教师队伍的建设与高职院校未来发展命运密切相关，它不仅是师资队伍建设的发展目标，也是高水平人才队伍发展的目标。

四、构建“人民满意”视角下的“自愿问责”机制

2010 年 5 月，《国家中长期教育改革和发展规划纲要（2010—2020 年）》中提出要加强教育监督检查，完善教育问责机制，把推进教育事业科学发展作为各级党委和政府政绩及考核的重要内容，完成考核机制和问责机制。2015 年，教育部印发了《高等职业院校内部质量保证体系诊断与改进指导方案（试行）》（教职成司函〔2015〕168 号），指出以内部质量保证体系建设为抓手，建立一种高职院校的“自愿问责”机制，以此作为高职院校改革发展的基石，引领高职教育的创新发展。

“自愿问责”机制是一种以自我评估和内部问责为基础，具有自愿性的质量保障机制，也是高职院校进行自我管理的重要手段。其问责内容包括课程与教学、学术与科研、教师与学生、学校组织机构的质量等，实施途径包括内部审查、内部评估、内部审计、内部问责等。有效的“自愿问责”机制不仅会增强高校的主体责任意识，提升教育质量和提高自治程度，还会形成良好的质量文化①。

目前，我国高职院校“自愿问责”机制整体上还存在不足，作为办学主体的高职院校还没有充分意识到自身的质量主体地位，院校与政府间的边界不够明晰，缺乏“自愿问责”的主观能动性，在自我诊断和自我改进的过程中能力不足，对于内部质量保证体系缺乏系统性思考，内部质量保证活动较为零散、效能不高。

基于当前我国高职院校“自愿问责”机制所存在的问题以及问责机制理论，

---

① 袁潇，徐辉.内部问责制：美国公立高等院校问责制的重要转向[J].教育研究，2013，34(10)：149-155.

我们应依据模块化设计理论，以“人民满意”为宗旨，构建“共性+特色”范式下的“自愿问责”机制。一方面，从政府视角出发，构建显性规则下的“共性问责”机制。对于显性规则下的“共性问责”机制，政府部门应对院校办学质量提出最低标准，所有院校共同遵守、统一执行。对于办学质量低于最低标准的院校，政府应当对其进行问责并引导其整改。另一方面，从院校视角出发，构建隐性规则下的“特色问责”机制。对于隐性规则下的“特色问责”机制，院校应以本校的实际发展状况以及特色培育要求为出发点，根据问责的不同主体，将问责机制划分为3个子系统，分别是学生、教师以及教学管理部门，各子系统相互协调、合作，产生合力效应，共同助推教学质量的提高①。

值得注意的是，基于院校层面构建“自愿问责”机制，还应从完善内部治理结构的高度出发，建立基于内部质量提升的“自愿问责”机制，以专业层面质量评价为基础，院（系）层面关注质量保证，学校层面关注质量改进，全员为质量改进负责。在专业层面，校企双方共同组建专业建设指导委员会，共同确定专业人才培养方案、教学实施计划、课程标准，共同进行课程开发和课堂教学改革，形成专业建设质量分析报告。院（系）作为专业人才培养具体实施者应加强“自我问责”，形成目标明确、权责清晰、相互协调的专业教育教学管理运行机制，并定期形成院（系）年度质量分析报告。学校层面主要负责学校和院（系）层面的发展规划实施和部门绩效考评，确保校内发展目标的一致性和衔接性，实现对质量改进的整体把控；督促职能部门与院（系）协同解决人才培养过程中存在的全局性和关键性问题；进行学生学习满意度调查、毕业生跟踪调查、第三方评价等，为持续改进质量提供数据支持，并形成质量报告。

良好的“自愿问责”机制有利于增强高校的自我改进能力，政府和高校应鼓励各相关主体协调合作，构建畅通的问责机制，并对问责后反馈的问题高度重视、迅速整改，争取实现问责效用最大化，从而有力保障和提升教学质量。

五、完善育人软环境建设的奖励机制

2014年教育部印发了《教育部关于全面深化课程改革落实立德树人根本任务的意见》（教基二〔2014〕4号），这是教育部落实“立德树人”根本任务的一项重要举措。落实“立德树人”根本任务，对于院校软环境的建设大有裨益，应坚持工学结合、知行合一，加强学生认知能力、合作能力、创新能力和职业能力

① 许淑雯，周湘林．高校教学质量问责反馈机制研究[J]．中国高教研究，2015(4)：75-79.

的培养，使学生培育和传承工匠精神，引导学生养成严谨专注、敬业专业、精益求精和追求卓越的品质。同时，在思想政治教育方面，汲取“思政二十条”精神，大力开展理想信念教育和社会主义核心价值观教育，构建全员全过程全方位育人的思想政治工作格局，实现职业技能和职业精神培养高度融合。另外，加强校园文化建设，加强中华优秀传统文化的教育，有助于营造积极、健康、向上的校园文化氛围。

良好的育人软环境是高校优良传统的历史积淀、精神风貌的生动体现、办学水平的综合反映，是高校实现科学、持续发展的无形动力①。高校育人“软环境”是指高校人才培养的氛围，包括校风、教风、学风等诸多方面。创建良好的育人软环境是高校贯彻习近平新时代中国特色社会主义思想的要求，也是新阶段新形势下高校建设的重要内容，我们应构建相应的奖励机制来强化、落实育人软环境的建设。

通过对搜集的数据进行分析，我们发现湖北省 58 所高职院校在育人软环境的建设上存在较大差异，集中体现软环境的指标包括内涵建设和校园文化。良好的软环境对于院校的教书育人以及长远发展大有裨益，各院校应当完善育人软环境的建设，同时设置奖励机制来激励软环境建设，使之落到实处。完善育人软环境建设的奖励机制可以从以下两个方面进行探讨。

一方面，推进并形成“职业性”特色文化。高职院校的校园文化是以就业为导向，以校园精神为底蕴，由师生员工共同创造和享有的群体文化，是融入了更多职业特征、职业技能、职业道德、职业人文素质的校园文化。“职业性”是高职教育最基本的特征，因此，高职院校的文化建设必须以职业价值为导向，形成高职院校文化的重要特色。对于促进校园文化发展的师生群体，应给予一定的精神或物质奖励，进而形成一种正反馈机制，吸引更多的师生参与到文化特色建设的软环境中来。

另一方面，完善制度文化建设，有机结合多元评价和综合评价。要把校园文化建设放在整体办学方向和培养目标的大背景下来实施，将其纳入学院的总体规划，把校园文化建设与学校的专业设置、师资配备、课程开设等统一起来，增强校园文化在学校完成其培养目标过程中的作用，使校园文化形成与学校特色相一致的特征，最大程度地发挥校园文化的功能。要进一步完善校园文化建设的各项制度，突出制度创新。高职院校软环境建设过程中，奖励机制的设置

① 刘培利，赵永厚，刘燕杰. 三风建设与高校育人软环境的优化[J]. 山东青年政治学院学报，2011，27(3)：89-93.

受考核周期长、部分指标不易量化、参与评价人员较多等方面影响，难以确定精确、量化的考核指标和方法，因此，需要将多元评价与综合评价相结合，促使奖励机制的作用最大化。

良好的院校软环境建设不是一蹴而就的，校园文化也不是一朝一夕能构建起来的，这需要花很大的力气去实践、去行动。同时需要建立相应的奖励机制，进而提升院校软环境建设的积极性。随着时代的快速发展和变迁，高职院校应充分认识到文化、内涵建设等软环境的重要性，创设富有高职院校特点的文化环境、文化氛围，培养全面发展的高素质综合性人才，只有这样，高职院校才能步入健康发展的快车道。

第四节　推进“人民满意”高职教育建设的相关建议

一、秉承人民满意的评价导向，优化办学质量评价体系

评价活动是提高教育质量，促成和增进教育内涵建设最有效的途径①，核心在于建立良好的教育质量评价指标体系，以办好人民满意的高职教育为办学方向和办学目标，不断优化质量评价指标体系，对高职院校的质量进行科学评定。自党的十七大提出“办人民满意的教育”之后，各个高等院校都开始强调“办人民满意的教育”。党的十八大和十九大都对“办人民满意的教育”进行了进一步的诠释，说明国家在教育战略和宏观环境上都支持办人民满意的教育，各高校的办学实践也正在深化。

国务院发布的《加快发展现代职业教育的决定》(国发〔2014〕19 号)、《高等职业教育创新发展行动计划(2015—2018 年)》(教职成〔2015〕9 号)等政策文件，均明确提出了职业教育体制改革，要实施管理、办学、评价分离制度，建立第三方评价模式，进而提升职业教育人才培养质量。与此同时，要求各级政府积极购买第三方评价模式，逐步采用第三方评价来取代政府评价模式。如何秉承人民满意的评价导向，以此优化办学质量评价体系，我们认为可从以下三个方面展开。

一是构建以职业技能为基础的动态评价指标体系。构建高职教育质量评价指标体系是一项基础性的工作，其是否具有科学性及准确性，必将直接影响相关评价是否能真实有效地反映出教育质量，更关系着是否能有效地实现相关

---

① 董刚，杨理连，张强．高职院校内涵式发展质量评价体系的构建[J]．高等工程教育研究，2013(5)：113-117.

评价的功能和作用。而这在很大程度上又掌控着高职教育努力的方向，对高职院校的教育教学工作起着导向作用。因此，要想突出高职教育质量评价指标体系的特色，就应该将能反映其教育特色的评价指标纳入高职教育质量评价指标体系，建立具有高职特色的教育质量评价指标体系，进而使评价更具有针对性。

二是增强高职院校的自我评价能力。增强高职院校的自我评价能力是激发高职院校创新发展主动性的过程，任何活动的发展都需要一定的动力，经验和现实告诉我们，促进活动的生成，必须是内外因素的相互作用。

三是规范第三方评价主体，并促进其发展壮大。发达国家不但有高职教育质量第三方评价相关法律、专业机构，而且经过长期实践，还形成了成员筛选、评估流程、评估体系、信息公布等制度。在多方监督、规范流程的制约下，第三方评价机构的结果比较公正，社会公信力比较强，对于高职教育的发展、相关信息的披露都有重要意义，同时，也促进了第三方评价机构自身的发展。虽然我国在这些方面发展较慢，但是，在政策引导、社会需求、就业压力等多方推动下，我国高职教育质量第三方评价将引起更多的关注，评估人员、流程、体系、结果公布等方面将更加规范化、标准化，评估结果的社会公信力将进一步增强。

二、坚持立足湖北的办学定位，增强服务产业能力

教育部《关于全面提高高等职业教育教学质量的若干意见》(教高〔2006〕16号)中明确指出，针对区域经济发展的要求，灵活调整和设置专业，是高等职业教育的一个重要特色。高等职业教育要直接为区域经济服务，为地方培养应用型专门人才。基于此，地方性高职院校应与区域产业集群良性互动，共生共融①。《中国特色高水平高职学校和专业建设计划项目遴选管理办法(试行)》(教职成〔2019〕8号)中提到，学校坚持职业教育办学定位和方向，做事创业的积极性、主动性、创造性才会高，有助于促进教育教学改革、校企合作和专业基础建设，提升人才培养质量、师资队伍水平、学生就业水平以及社会认可度。对于如何坚持立足湖北的办学定位，增强服务产业能力，我们提出以下三个方面的建议。

一是明晰办学理念。高职院校应该明确办学理念，结合区域经济和社会发展的需求制定人才培养目标，在明确办学理念的同时要结合区域产业结构设置相应的专业，突出高职教育的针对性和开放性。高职院校应该制定科学的发展理念，地方政府应该制定相关的优惠政策，对办学资源进行合理配置，推动学校

① 尹文秋.地方性高职院校对接区域产业集群研究[J].中国市场，2013(41)：123-124.

不断提升办学思想，为高职教育更好地服务区域经济的发展创造有利条件。

二是重视适应社会经济的转型发展。高职院校应提高对高职院校人才培养的重视程度，设置经济社会发展需求的专业和课程，促进校企合作，进而推动高职院校适应社会经济的转型发展。同时，严格把控教师的教学水平，制定相应的审查制度；引入更多复合型人才，不断优化教师团队；结合当地经济转型，建立校内专业基地进行实训；引进相应的技术人才，为学生营造良好的教学环境，促进学生全面发展。

三是获得政府的支持。高职教育离不开政府的支持，地方政府要加强对高职院校的领导和指导，要对高职教育实时进行必要的资源配置和政策调控，要把高职院校的发展纳入区域经济协调发展的规划。政府通过宏观调整，优化区域政策，推动高职院校制定符合区域经济和社会发展趋势的发展规划，强化校企合作、产教融合、工学结合，实现高职院校与区域经济社会发展相应的协调发展。

总而言之，教育的发展离不开当地经济社会的发展，区域经济的发展需要教育事业的支持，高职教育在现代经济社会发展中起着非常重要的作用。办好高职教育要把握区域经济产业发展的特点，主动把握新技术发展趋势，进一步深化产教融合，强化新技术应用对于高职教育的推动作用，不断创新高职教育管理制度，更新教学方式，重视实践教学，提高自身服务区域经济发展的意识，为地方经济建设和社会发展提供强有力的人力资源保障。

三、完善内部治理的长效机制，激发学校办学活力

根据《国务院关于加快发展现代职业教育的决定》（国发〔2014〕19 号）的要求，完善治理结构，提升治理和保障能力，就是要适应国家教育治理体系和治理能力的建设，根据职业教育自身的发展规律和基本要求，以构建政府、学校、社会新型关系为核心，以推进“管办评”分离为基本要求，以转变政府职能为突破口，建立系统完备、科学规范、运行有效的制度体系，形成政府宏观管理、学校自主办学、社会广泛参与的格局，更好地激发学校的办学活力和发挥全社会的作用[①]。结合湖北高职教育实际，我们认为，完善内部治理的长效机制，激发学校办学活力，应从以下三个方面进行优化。

一是院校需要充分认识治理的重要性。完善治理结构，提升治理和保障能力，高职教育必须充分认识到完善职业院校治理结构的重要性、必要性、紧迫

① 白维. 完善职业院校治理结构　提升治理能力[J]. 中国职业技术教育，2014(21)：163-165.

性，完善符合职业教育规律和现代职业教育发展要求的治理体系，提升治理和保障能力。

二是健全高职院校内部治理体系。应完善以学校章程为核心的现代职业学校制度体系，形成学校自主管理、自我约束的体制机制，推进治理能力现代化；按照“需求导向、自我保证、多元诊断、重在改进”的工作方针，以完善质量标准和制度，提高学校、社会、学生对人才培养工作的满意度为目标，切实履行人才培养工作质量保证主体的责任；建立完善常态化的内部质量保证体系和可持续的诊断与改进工作机制，根据自身办学理念、办学定位、人才培养目标，聚焦专业设置与条件、教师队伍与建设、课程体系与改革、课堂教学与实践、学校管理与制度、校企合作与创新、质量监控与成效等人才培养工作要素，查找不足并不断完善提高，扎实有效开展教育教学的诊断与改进工作，促进学校教育教学持续健康发展。

三是进一步理顺各主体在整个治理体系中的关系。对于学校而言，需要完善现代职业学校制度，发挥学校主体作用，建立以高职院校持续健康发展为导向的工作机制，最大程度地激发高职院校作为职业教育“细胞”的活力；对于政府而言，需要落实各级政府职责，提升发展保障水平，坚持“放管并重”；对于社会而言，需要鼓励社会力量参与，强化第三方评价，要积极引导社会力量参与职业教育办学过程和评价过程；对于企业而言，必须坚持“行业指导，企业参与”的办学机制，坚持校企合作，充分调动行业企业积极性。

四、深化产教融合的发展战略，提高知识产品竞争能力

《国务院关于加快发展现代职业教育的决定》(国发〔2014〕19 号)中明确提出：“深化产教融合，鼓励行业和企业举办或参与举办职业教育，发挥企业重要办学主体作用。”因此，高职院校应当根据自身特点和人才培养需要，主动与具备条件的企业在人才培养、技术创新、就业创业、社会服务、文化传承等方面开展合作，形成校企命运共同体，推动专业建设与产业发展相适应，推进协同育人。学校积极为企业提供所需的职工培训课程、师资等资源，企业应当依法履行实施职业教育的义务，利用资本、技术、知识、设施、设备和管理等要素参与校企合作，促进人力资源开发。因此，在深化产教融合的发展战略，提高知识产品竞争能力上，建议从以下三个方面进行改进。

一是切实提高学校的社会服务能力。要加强与地方政府、产业园区、行业的深度合作，建设兼具科技攻关、智库咨询、英才培养、创新创业功能，体现学校特色的产教融合平台，服务区域发展和产业转型升级。同时还要加强与企业的

深度合作，建设兼具产品研发、工艺开发、技术推广、大师培育功能的技术技能平台，重点服务企业特别是中小微企业的技术研发和产品升级。此外也要加强社区教育和终身学习服务，按照育训结合、长短结合、内外结合的要求，面向在校学生和全体社会成员开展职业培训。

二是持续提升高职院校自身竞争力，增强校企合作的吸引力。产教融合、校企合作的一个重要保障因素就是高职院校的自身竞争力要强，不仅要求培养的学生能够完全适应企业需求，很快成长为企业骨干，而且要求教师的科技创新能力强，能帮助企业解决技术难题。首先，专业设置与地方产业挂钩，教学内容需跟上技术发展的脚步，同时提高学生的综合素质以及实践动手能力；其次，加大师资科研力量投入力度，进而为企业适应经济转型升级发展提供技术支持。与此同时，为重点服务"中国制造 2025"，高职院校需要根据区域发展规划和产业转型升级，优化专业布局和院校结构，将自身建设成为区域内技术技能积累的重要资源集聚地。如主动适应数字化、网络化、智能化制造需要，围绕强化工业基础、提升产品质量、发展制造业等相关的生产性服务，及时调整专业、培养人才，加强现代服务业亟须的人才培养，加快满足社会建设和社会管理的人才需求。

三是落实企业参与鼓励政策，增强校企合作的成效。企业在产教融合、校企合作的过程中缺乏积极性，归根结底还是激励问题。高职院校要指引企业意识到上述过程的必要性和重要性，使之成为一种企业文化，因为企业如果将培养学生当作培养企业准员工一般予以重视，在这个校企深度融合的过程中，学生也会逐渐认同该种企业文化，在其进入企业后能快速融入企业的工作环境，为企业的发展注入新动力。另外，在校企合作过程中，可以很好利用高职院校的科研平台和科研团队，为企业遇到的技术难题提供帮助，这一过程既锻炼了科研团队的科研能力，又提升了科研转化的积极性，真正实现了校企互动双赢。

五、强化内涵建设的高质观念，凸显院校办学特色

根据教育部《关于加强高职高专教育人才培养工作的意见》，人才培养工作的基本思路是以教育思想、观念革新为先导，以教学改革为核心，以教学基本建设为重点，注重提高质量，努力办出特色。因此，高职院校必须强化内涵建设的高质观念，形成个性化的办学特色，以特色求发展，以特色树品牌，才能持续发展，获得经久不衰的生命力①。为达到高职院校特色化发展目标，高职院校应

① 罗生芳，李红梅.高职院校特色化发展战略的思考[J].高教论坛，2009(6)：107-109；36.

立足于本校的办学传统、教育背景以及区域经济发展要求，充分发展自身的优势与特色，注重人才的多元化培养与教育方式的差异化发展。对此，我们从以下两个方面提出改进建议。

一方面，以专业群建设为核心，带动学校人才培养工作的整体改革。学校应健全对接产业、动态调整、自我完善的专业群建设发展机制，促进专业资源整合和结构优化，发挥专业群的集聚效应和服务功能，实现人才培养供给侧和产业需求侧结构要素全方位融合。校企应共同研制科学规范、国际可借鉴的人才培养方案和课程标准，将新技术、新工艺、新规范等产业先进元素纳入教学标准和教学内容，建设开放共享的专业群课程资源和实践教学基地。学校应以“四有”标准打造数量充足、专兼结合、结构合理的高水平双师队伍，探索教师分工协作的模块化教学模式，深化教材与教法改革，推动课堂革命，建立健全多方协同的专业群可持续发展保障机制。

另一方面，深化内涵建设，强化特色发展。高职教育作为直接服务区域经济发展的教育类型，须特别注意差异化、特色化发展，专业设置应紧密结合学校的行业背景、区域经济发展要求以及自身的条件，要坚持有所为、有所不为，切忌人云亦云。要根据技术发展要求更新教学内容，围绕人的全面发展改革教学模式与方法，提高人才培养质量。同时，要坚持产学研一体化发展，在高层次人才和技术技能大师的引培、教科研团队的打造等多方面进行强化。高职院校自身的办学水平提高，竞争力增强，其特色化发展自然会水到渠成。

结　语

一、主要结论

我们基于“人民满意”视角、遵循“柏林原则”，将结构化数据与非结构化数据相结合，构建高职教育办学质量评价指标体系，并以湖北省58所高职院校为实证对象进行比较分析，主要研究结论如下。

(一)“人民满意”视角下高职教育办学质量评价指标体系基本符合现实评价要求

党的十九大提出了“办好人民满意的教育”新目标，构建“人民满意”的高职教育办学质量体系则是将此思想付诸实践的具体化措施，这既是顺应新时代的号召，也是中国特色高等职业教育发展的重要抓手。我们基于“人民”的内涵以及相关利益者理论，以“人民满意”为主线，从政府认可度、社会认可度、教师满意度、学生满意度四个观测维度构建了办学质量评价指标体系。

在评价指标的设计方面，我们更加注重对教育产出性指标的评价，进一步完善学校内部教育质量监控体系。其主要包括两个方面，一是对教学过程进行评价和监控，二是关注院校的科研成效、人才培养质量以及学生就业质量等情况，避开了传统审查模式中过多的参照投入性指标的误区。加大对产出性指标的评价，其实质是不仅关注了在提升办学质量过程中的资金、人力、物力的投入，而且更注重整个教育的过程和结果，进而从过程和结果中找出办学的薄弱环节，采取相应措施提高教育效率和质量。

针对“人民满意”高职教育办学质量评价指标体系，我们构建了4个一级指标、22个二级指标、106个三级指标来进行评价，覆盖高职院校多个维度。依据各项一级指标整体得分情况，将我们得出的质量评价指标体系结论与《高等职业教育创新发展行动计划(2015—2018年)》拟认定的项目名单进行对比，结果显示两者具有较高的吻合度，这既从侧面印证了我们得出结论的可靠性，又说明了我们构建的“人民满意”视角下高职教育办学质量评价指标体系基本符合现实评价要求。

(二)湖北省高职教育办学重投入、轻产出较为突出

教育的投入与产出是分析教育投资效益、衡量教育功效的关键因素。通过

综合分析和探讨高职教育的投入与产出比，院校更易发现高职教育发展的问题所在，进而促进高职教育事业发展。高职教育投入的重要指标类型包括经费支出、人才引进、院校建设等，而教育产出的重要指标类型包括人才培养、科学研究、社会服务、教育科研和文化创造等。我们选取了部分具有代表性的二级投入指标和二级产出指标来观测，并对其整体平均得分进行分析，结果如表 1 所示。在二级投入指标方面，我们主要选取了经费支出、院校建设等类型的指标，选取的观测指标包括：保障机制、教学服务、办学定位、条件保障、依法治校、用人单位，其整体平均得分处于中上水平，说明湖北省高职教育在促进高职院校发展过程中，对于投入指标的关注度较高。而在二级产出指标方面，我们主要选取了社会服务、教育科研和文化创造等类型的指标，选取的观测指标包括：科研成效、校园文化、资助体系、后勤服务、学业就业、学校声誉，其整体平均得分处于中下水平，说明湖北省高职教育在促进高职院校发展过程中对于产出指标的关注度较低。进一步研究发现，在国家级优质校和省级优质校中，均存在 1 个二级指标平均得分低于整体水平，分别是后勤服务和社会服务，这两个指标均是产出指标，说明了湖北省高职教育在产出指标的关注度较低。

综上所述，我们通过观测不同维度下湖北省 58 所高职院校的教育投入和产出指标的整体现状，对部分二级指标整体平均得分水平进行比较，发现湖北省高职教育办学重投入、轻产出的情况较为突出，应当引起重视并加以改进。加大对产出性指标的关注力度，实行产出性评价指标，会使高职教育的评价结果更加具有说服力。因为采取上述措施的好处就在于它表明质量不仅仅取决于资金投入，还取决于教育过程的良性操作，提醒高职院校从过程和结果上找出教育系统的薄弱环节，采取措施提高教育效率和质量。因此，需要提出推动教育产出的路径，引导强化办学产出的评价导向。

表 1　部分二级指标整体平均得分

二级投入指标	整体平均得分	二级产出指标	整体平均得分
保障机制	81.84	科研成效	69.88
教学服务	77.40	校园文化	69.36
办学定位	73.76	资助体系	70.32
条件保障	79.28	后勤服务	70.68
依法治校	82.44	学业就业	79.80
用人单位	92.40	学校声誉	77.48

（三）湖北省国家级优质校各维度发展较均衡

我们通过比较湖北省 10 所国家级优质校和湖北省 58 所高职院校在二级指标上的平均得分，发现 10 所国家级优质校各维度发展较为均衡。为确保结论的准确性以及提升观测维度的覆盖面，我们共选取了19个包含数据的二级指标，如表2所示。在观测的19个二级指标中，湖北省10所国家级优质校平均得分在18个二级指标上要高于整体平均得分，仅1个指标即后勤服务低于整体水平，一方面表明湖北省国家级优质校整体发展得较为均衡，另一方面说明国家级优质校对于产出指标的关注力度还存在不足，在院校的后期发展中应当引起重视。其中有6个指标的优越性格外显著，分别是内涵建设、科研成效、资助体系、教学服务、学业就业、学校荣誉，表明国家级优质校更加注重对院校建设与发展以及人才培养方面的提升。同时，需要指出的是，国家级优质校由于人力物力等资源丰富，使其有能力去发展和完善自身各维度的指标，由此产生"贪大求全"的"全面发展观"会导致该类院校出现趋向同质化的问题，院校的发展缺乏特色及吸引力，进而导致院校缺乏因差异化而带来的高辨识度和核心竞争力，并不利于高职院校的长远发展。

表2　湖北省10所国家级优质校及58所高职院校二级指标平均得分

观测指标		湖北省10所国家级优质校平均得分	湖北省58所高职院校整体平均得分	分差（前者减去后者）
教师满意度	保障机制	87.52	81.84	5.68
	内涵建设	78.28	69.44	8.84
	科研成效	82.20	69.88	12.32
学生满意度	校园文化	75.88	69.36	6.52
	资助体系	79.64	70.32	9.32
	后勤服务	70.44	70.68	−0.24
	教学服务	85.80	77.40	8.40
	日常管理	68.72	66.16	2.56
	学业就业	88.48	79.80	8.68
政府认可度	办学定位	75.84	73.76	2.08
	条件保障	85.68	79.28	6.40
	依法治校	84.36	82.44	1.92
	学校荣誉	86.12	77.48	8.64
	立德树人	82.12	81.00	1.12
社会认可度	社会服务	76.04	68.68	7.36
	产教融合	75.76	72.76	3.00
	招生情况	81.96	79.40	2.56
	社会声誉	77.36	73.28	4.08
	用人单位	97.64	92.40	5.24

（四）湖北省省级优质校"一校一策"特征较显著

"一校一策"指院校通过立足于课程设置、教育技术、校园文化、办学特色等方面的研究，确立一个适合院校的发展策略。有效推行“一校一策”举措有利于深化院校教育领域综合改革、深入推行“管办评”分离、加强高校内涵建设①。我们通过研究比较湖北省15所省级优质校与58所高职院校各项指标（分为投入性指标和产出性指标）的得分情况，如表3所示，发现湖北省省级优质校的“一校一策”特征较为显著，主要表现为省级优质校各项指标的得分差异较大，表明这类院校的发展有自身的特色。进一步研究发现，存在差异较大的指标主要集中在产出性指标，如用人单位、后勤服务、立德树人等指标。在与国家级优质校进行比较的过程中，发现国家级优质校由于政府的扶持力度较大，对院校的投入经费较多，因此，它们会更加偏向于关注投入性指标，进而产生一种依赖性，忽视对产出性指标的关注。同时，由于人力物力等资源丰富，国家级优质校有能力去发展完善自身各维度的指标，这种“全面发展观”极易造成该类院校趋向同质化，院校在发展过程中会缺乏自身的特色，即“一校一策”的特征并不显著；而省级优质校相较于国家级优质校，各类资源来源较为有限，该类院校就会转而重点发展产出性指标，明确院校自身的办学定位并根据院校自身的优势及特色推行发展策略。例如，长江职业学院充分利用吉利集团董事长李书福、总裁安聪慧等一大批世界及全国知名企业家的校友资源，创新校企合作、产教融合体制机制，与知名企业开办以“吉利班”为代表的订单培养班32个，在社会上产生了较大的影响力，大大促进了院校的特色化发展。

表3　湖北省15所省级优质校及58所高职院校二级指标平均得分

观测指标		湖北省15所省级优质校平均得分	湖北省58所高职院校整体平均得分	分差（前者减去后者）
教师满意度	保障机制	84.60	81.84	2.76
	内涵建设	73.00	69.44	3.56
	科研成效	70.48	69.88	0.60
学生满意度	校园文化	70.12	69.36	0.76
	资助体系	71.64	70.32	1.32
	后勤服务	73.12	70.68	2.44
	教学服务	85.80	77.40	8.40
	日常管理	67.80	66.16	1.64
	学业就业	83.68	79.80	3.88

① 孙柏璋，林素川.一校一策：本科高校绩效目标管理探析[J].中国高校科技，2015(11)：46-48.

续表

观测指标		湖北省 15 所省级优质校平均得分	湖北省 58 所高职院校整体平均得分	分差(前者减去后者)
政府认可度	办学定位	77.24	73.76	3.48
	条件保障	84.72	79.28	5.44
	依法治校	83.36	82.44	0.92
	学校荣誉	77.96	77.48	0.48
	立德树人	85.32	81.00	4.32
社会认可度	社会服务	68.32	68.68	−0.36
	产教融合	76.52	72.76	3.76
	招生情况	82.20	79.40	2.80
	社会声誉	74.88	73.28	1.60
	用人单位	96.28	92.40	3.88

(五)湖北省普通高职院校特色化特征不明显

高职教育办学特色化发展主要包括两个层面,第一个层面是与普通高等教育相比形成了自身的办学特色,第二个层面是不同高职院校由于区域不同、产业有别而形成了各自的办学特色。对湖北省 10 所国家级优质校、15 所省级优质校以及 33 所普通高职院校的二级指标得分分布情况进行横向对比的具体结果如表 4、表 5、表 6 所示。在特色办学上,湖北省 10 所国家级优质校更加偏向于院校的均衡发展,标准差得分都稳定在数值 9 左右,由此推断,该高职院校具有一定的特色化优势。如前所述,10 所国家级优质校差异并不明显,存在同质化的情况。湖北省 15 所省级优质校则处于适中水平,但学校在不同二级指标间得分差异较大,特色化发展较为显著。湖北省 33 所普通高职院校的标准差值得分普遍较高,说明 33 所普通高职院校具有一定的特色化特征。其中,标准差偏大的数值基本稳定在 11 左右,由此推断,33 所普通高职院校具有一定的特色化特征,但是显著性较低。分析其原因,一方面,在院校的区域分布上,33 所普通高职院校分布的区域整体表现分布较为分散,因此,院校的发展会与当地的优势以及特色进行有机结合,尝试进行特色化发展。例如,潜江的江汉艺术职业学院,该校充分结合了当地小龙虾来源丰富的优势,于 2017 年率先开设了小龙虾专业,在社会上产生了较大的影响力,大大促进了该院校的特色化发展。另一方面,在办学定位上,33 所普通高职院校受多方面因素如经费投入、办学水平等的影响,出现大部分指标的评价处于中下水平,仅小部分指标得分偏高的情况，表明普通高职院校在得分偏高的该类指标上的发展存在自身的特色，甚至超过了国家级和省级优质校的发展水平。同时，由于普通高职院校的数量较多，办学水平参差不齐，仅少数院校的特色化发展水平较为显著，而大部分院校各方面的发展即使存在自身特色，但表现并不突出。综上可知，湖北省普通高职院校的发展虽具有一定的特色化特征但并不显著。

表 4　湖北省 10 所国家级优质校二级指标得分分布情况

学校	方差	标准差	均值
HB001	72.16003	8.494706	90.66316
HB009	88.2053	9.391768	81.30895
HB002	83.01969	9.111514	88.80053
HB003	87.60663	9.359841	85.95158
HB006	66.56887	8.158975	82.18158
HB014	103.4368	10.17039	80.93211
HB015	148.3186	12.17861	82.49316
HB005	96.66004	9.831584	84.22842
HB017	86.88232	9.321068	78.35947
HB004	98.00605	9.8998	82.56579

表 5　湖北省 15 所省级优质校二级指标得分分布情况

学校	方差	标准差	均值
HB025	161.7018	12.7162	77.77421
HB036	121.31	11.01408	73.16316
HB024	113.7923	10.66735	76.39263
HB008	73.00468	8.544277	81.11105
HB011	39.79781	6.30855	81.85263
HB019	123.3253	11.10519	78.01737
HB029	153.988	12.40919	74.09316
HB012	109.3018	10.45475	81.27158
HB020	153.3097	12.38183	77.71947
HB021	96.9121	9.844394	77.04368
HB037	89.98609	9.4861	73.10421
HB007	95.76266	9.78584	83.12421
HB023	129.7974	11.39286	75.78316
HB013	81.77829	9.043135	80.48263
HB010	87.38267	9.34787	80.10684

表6 湖北省33所普通高职院校二级指标得分分布情况

学校	方差	标准差	均值
HB033	124.9053	11.17611	75.23579
HB057	84.63294	9.199616	66.23789
HB043	116.0753	10.77382	72.83211
HB034	139.9216	11.82885	74.31684
HB046	113.2933	10.64393	70.08158
HB052	114.8152	10.71518	69.59316
HB030	146.5236	12.10469	74.66105
HB039	153.2965	12.3813	73.30474
HB026	155.0747	12.4529	77.16474
HB027	129.6615	11.3869	74.68737
HB049	105.0745	10.25058	69.85421
HB042	134.3636	11.59153	72.14
HB041	144.1799	12.00749	72.56789
HB016	103.5181	10.17438	78.42579
HB035	131.9104	11.48522	74.39526
HB048	117.5298	10.84112	70.83632
HB051	123.3876	11.108	69.22895
HB047	124.6197	11.16332	72.13316
HB040	97.68088	9.883364	72.48895
HB044	81.30935	9.01717	72.16632
HB054	96.27005	9.81173	67.38684
HB028	83.76212	9.152165	74.00368
HB045	138.0104	11.74778	72.85789
HB022	113.8141	10.66837	76.90842
HB038	125.059	11.18298	72.07053
HB018	110.4657	10.51027	77.21158
HB053	70.50614	8.396793	65.40632
HB031	113.3509	10.64664	73.93737
HB032	114.2263	10.68767	71.83526
HB050	138.5743	11.77176	70.46053
HB055	102.809	10.13948	67.39053
HB056	28.91928	5.377665	64.93158
HB058	77.89459	8.825791	65.65895

二、主要创新点

本研究基于“人民满意”视角、遵循“柏林原则”，将结构化数据与非结构化数据相结合，构建高职教育办学质量评价指标体系，并以湖北省58所高职院校为实证对象进行比较研究，相较于已有研究与评价实践，进行了以下几方面的创新。

（一）基于“人民满意”视角以“九个坚持”为核心要素构建高职教育质量评价体系

“办好人民满意的教育”不仅体现了社会对和谐教育理念的深切呼唤，更体现了党和政府试图重塑教育和社会关系新格局的教育发展指导思想，是落实以人民为中心的教育发展观，以解决教育系统中“人民日益增长的美好生活需要和不平衡不充分的发展之间的矛盾”。这是在社会转型过程中更好地践行为人民服务的宗旨和促进社会公平、化解社会矛盾、构建和谐社会的客观内在要求。

2018年9月10日，习近平总书记在全国教育大会发表的重要讲话，系统回答了关系我国教育现代化的重大理论和实践问题，特别是概括的“九个坚持”思想深刻、内涵丰富，是我们党对我国教育事业规律性认识的深化，形成了系统完整的新时代中国特色社会主义教育理论体系，为做好新时代教育工作提供了根本遵循。

研究认为，“九个坚持”的核心可从三个层次诠释，首先是“九个坚持”的中国逻辑，具有独特的性质、独特的道路和独特的文化；其次是“九个坚持”的大教育观，既是站在治国理政和中华民族伟大复兴的战略高度，建立与社会时代变革相适应的大教育体系，同时也强调了办好教育事业是“家校政社”的共同责任；最后是教育导向，分别为坚持以人民为中心发展教育、坚持把立德树人作为根本任务、坚持把教师队伍建设作为基础工作等，而以上三个层次也是构成具有中国特色多元利益主体共同参与的“共治型评价体系”的主要依据，如图1所示。

百年大计，教育为本。教育是国之大计、党之大计。办好人民满意的教育，要提高政治站位，必须贯彻落实“九个坚持”。要不断使教育同党和国家事业发展要求相适应，同人民群众期待相契合，同我国综合国力和国际地位相匹配。

高职教育处于发展的新阶段，本研究基于“人民满意”视角，从“中国逻辑”、“大教育观”和“教育导向”三个层次释义“九个坚持”，对高职教育办学质量评价方式实现突破创新，建立以“人民满意”为核心的高职教育质量评价指标体系。

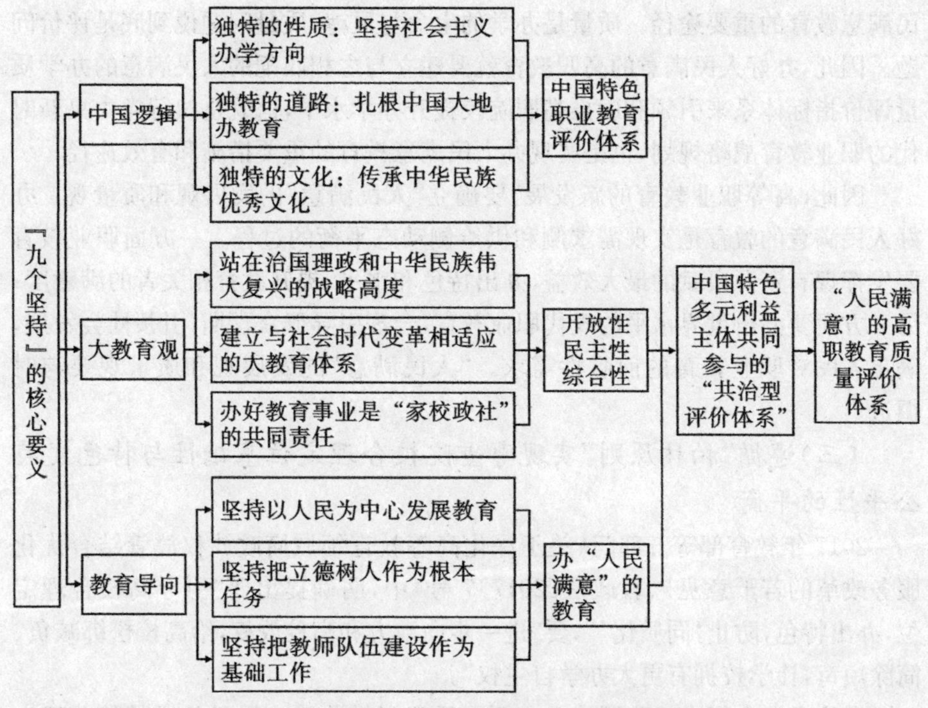

图1 三个层次诠释“九个坚持”的核心要义

（二）以“办好人民满意的教育”作为高职教育深化改革的评价导向和有效路径

国家《职业院校管理水平提升行动计划》和《高等职业教育创新发展行动计划（2015—2018年）》，明确了以提高质量为核心的人才培养理念和扩大以专业为载体的优质教育资源建设的重大战略任务，推动了高职教育从外在规模质量向内在品质质量提升，确立了以提升服务能力和服务水平为核心的发展观和质量观。当前，我们的教育还不适应经济社会发展的需要，不适应国家对人才培养的要求。

与此同时，习近平总书记明确要求“扭转不科学的教育评价导向”，“从根本上解决教育评价指挥棒问题”①。作为现代教育管理的重要手段，教育评价具有导向、监控、鉴定和激励等功能，对教育改革与发展起着牵一发而动全身的作用。科学的教育评价，有利于为政府决策服务，有利于为社会服务，是实现办人

① 源自习近平总书记在全国教育大会上的讲话，原话为：“要深化教育体制改革，健全立德树人落实机制，扭转不科学的教育评价导向，坚决克服唯分数、唯升学、唯文凭、唯论文、唯帽子的顽瘴痼疾，从根本上解决教育评价指挥棒问题。”

民满意教育的重要途径。质量是办学的生命与灵魂，质量问题说到底是评价问题。因此，办好人民满意的高职教育就要建立与之相匹配的人民满意的办学质量评价指标体系来引领和助推高职院校提升办学水平，这既是执行党中央新时代的职业教育战略规划，也是实现办人民满意教育的重要措施和有效途径。

因此，高等职业教育的新发展，要确立“人民满意”的发展观和质量观。办好人民满意的教育是实现需求侧和供给侧动态平衡的过程。一方面职业教育要发挥现有资源禀赋的最大效益，办出特色和水平，提升教育相关者的满意度；另一方面要办出世界水平的现代职业教育，合理引导群众预期，引领社会发展，满足人民对职业教育的前瞻性需求。“人民满意”的发展观和质量观要与时俱进。

（三）遵循“柏林原则”实现尊重院校合理定位基础性与特色发展公平性的平衡

2017 年教育部等五部门《关于深化高等教育领域简政放权放管结合优化服务改革的若干意见》（教政法〔2017〕7 号）中，明确提出要“引导高校合理定位，办出特色，防止‘同质化’”，要“进一步向地方和高校放权，给高校松绑减负、简除烦苛，让学校拥有更大办学自主权”。

党的十九大指出：“我国社会主要矛盾已经转化为人民日益增长的美好生活需要和不平衡不充分的发展之间的矛盾。”①人民群众对教育的需要集中体现在“不断升级”和“个性化”等两个方面……

2018 年全国教育大会提出要深化教育领域“放管服”改革，充分释放教育事业发展的生机与活力。这意味着政府将放开“事前”审批环节，把主要精力集中于“过程”和“结果”的监管环节。

我们在充分理解“放管服”与“管办评”二者之间的逻辑动态机制下，如上一章的图 5-2 所示，一方面，构建的评价指标体系侧重办学“结果”的满意度评价更能充分体现办学质量评价的精准性；另一方面，基于模块化设计的顶层改革机制，能够充分实现尊重院校合理定位基础性与特色发展公平性的动态平衡。

（四）以“人民满意”为客观标准和价值尺度构建高职教育标准化体系

以“人民满意”为客观标准和价值尺度，构建高职教育办学质量标准化体系，是“办好人民满意的教育”思想的具体化措施，将此思想付诸实践既是顺应新时代的号召，也是建设中国特色高等职业教育的重要抓手，是将标准化知识

① 中国共产党第十九次全国代表大会文件汇编[M]. 北京：人民出版社，2017.

应用于高职教育领域的开拓创新。

区别于注重投入规范、过程控制的传统工业标准体系，教育标准体系更加注重结果控制。而我们所探讨的高职教育质量评价标准体系在结果控制的基础上，注重以产出指标评价为导向，从过程和结果中找出教育办学的薄弱环节，采取相应措施提高教育效率和质量，达到提升人民满意度的目的。同时，将“人民满意”作为评价、检验高职教育办学实践的客观标准和价值尺度，从与“人民”高度相关的四个维度进行观测，即政府认可度、社会认可度、教师满意度、学生满意度，构建“标准化+‘人民满意’的高职教育质量评价指标体系”，一方面有利于院校巩固和强化自身教育特色和优势，另一方面可以更好地提高人才培养质量。

高职院校引入标准化原理，建立涵盖高职院校教学、课程、专业、日常运行、管理服务、满意度评价、诊断与持续改进等内容的结构合理，协调性、适用性、可操作性强的标准体系，对“人民满意”的高职教育质量评价指标体系的构建有着强大的助推作用。

(五)运用大数据技术探索构建“人民满意”高职教育实时长效监测机制

根据《高等职业院校内部质量保证体系诊断与改进指导方案》(教职成司函〔2015〕168 号)，有学者认为应当充分发挥大数据技术在高职教育质量监测中的作用，注重高职教育质量监测的因素分析，加强高职教育质量监测数据平台建设①，系统、深入地分析相关数据，注重质量评价②。已有研究或评价实践的报告发布期与报告内容反映期之间至少存在一年滞后的问题，针对该问题，我们尝试运用大数据技术以及人工智能技术实时动态地采集数据，构建“人民满意”的质量监测机制，为持续完善高职教育质量建设提供实时、充分、客观、精准的参考依据。可以预测的是，大数据技术下“人民满意”的质量监测机制可以将报告发布期与报告内容反映期之间的滞后期缩短为 6 个月，条件完善的情况下甚至可以缩短为 3 个月。

三、研究不足及展望

我们基于“人民满意”视角、遵循“柏林原则”，将结构化数据与非结构化数据相结合，构建高职教育办学质量评价指标体系，并以湖北省 58 所高职院校为

① 乔刚，李芬. 监测评估：高等教育评估的新理念[J]. 高教探索，2016(11)：16-20.

② 杨桂林. 用大数据思维提升高职生的双创能力[J]. 天津职业院校联合学报，2016，18(9)：3-6；11.

实证对象进行比较研究，具有一定的理论与实践创新。但由于研究周期较短，研究准备相对仓促，因此仍然存在以下几个方面的不足，且成为我们未来研究可拓展和深入的方向。

（一）对于非结构化指标的理解有待进一步深入

我们虽然创新性地将结构化指标与非结构化指标进行融合，且在同一标准下进行评价，但对于非结构化指标仅仅是在解读该指标内涵的基础上进行了赋值，虽然结论与实际吻合度较高，但严谨性仍显不足，有待进一步深入研究。我们后续拟逐步深入完善指标体系的评判标准，如精准扶贫、立德树人等，实现指标体系与时俱进的科学性和客观性，即不同时期的指标内涵要求应存在差异。

（二）研究缺乏典型案例

由于数据采集的难度，现有评价指标体系共涉及 4 个一级指标、22 个二级指标、106 个三级指标，因此未能从典型案例视角进行深入研究，未能给院校层面提供较为精准的参考内容。后续研究拟完成“大数据治校”的样本案例，结合学校实际，运用大数据技术和现有指标体系，实现院校层面实时动态监测与改进的方案设计。

（三）现有指标权重赋值不具备动态性

我们为了充分利用原始数据，采用客观赋权法中的熵值赋权法进行赋权。虽然赋权体现了数据的客观性，但该赋权法仅仅适用于静态数据方案，后续研究将实现大数据环境下的动态数据采集，我们拟用动态权重值法（Variable Weight-Value）对评价指标体系展开深入研究。

参考文献

[1] 习近平. 决胜全面建成小康社会夺取新时代中国特色社会主义伟大胜利：在中国共产党第十九次全国代表大会上的报告（2017 年 10 月 18 日）[M]. 北京：人民出版社，2018.

[2] 卡罗尔. 企业与社会：伦理与利益相关者管理[M]. 黄煜平，等译. 北京：机械工业出版社，2004.

[3] 克拉克. 高等教育新论[M]. 王承绪，等译. 杭州：浙江教育出版社，2001.

[4] 昌成明，熊和平. 象征权力与教育秩序：学校荣誉称号的社会学分析[J]. 教育科学研究，2018(7)：26-30.

[5] 陈芳. 企业实施数据治理的核心内容及条件保障[J]. 信息资源管理学报，2018，8(4)：35-40.

[6] 陈宏辉，贾生华. 企业利益相关者的利益协调与公司治理的平衡原理[J]. 中国工业经济，2005(8)：114-121.

[7] 陈宏辉，贾生华. 企业利益相关者三维分类的实证分析[J]. 经济研究，2004(4)：80-90.

[8] 陈宏辉. 企业的利益相关者理论与实证研究[D]. 杭州：浙江大学，2003.

[9] 陈荟洁，黄海菲. 立德树人视域下高职院校“课程思政”融合发展模式探索[J]. 教育与职业，2019(14)：88-91.

[10] 陈杰，刘含萌，徐吉洪. 新时代我国大学高质量内涵式发展的若干思考[J]. 浙江工业大学学报(社会科学版)，2018，17(4)：372-378.

[11] 陈锦燕. 中职学校在体育教学中开展“立德树人”研究[J]. 教育现代化，2019(47)：1-2.

[12] 陈玉. 大爱育人理念与高职院校软环境建设[J]. 泰州职业技术学院学报，2009，9(5)：12-15.

[13] 陈育俭. 利益相关者、企业社会责任与企业可持续发展[J]. 莆田学院学报，2010，17(6)：38-42.

[14] 程宜康. 高职教育标准化建设思考[J]. 高等职业教育(天津职业大学学报)，2011，20(1)：11-15.

[15] 邓汉慧，张子刚. 企业核心利益相关者共同治理模式[J]. 科研管理，2006

(1):85-90.

[16] 邓丽娜,王韬.利益相关者与企业伦理关系分析[J].经济与管理,2007(7):47-49.

[17] 邓娴.我国高校依法治校制度建设问题研究[D].武汉:武汉理工大学,2007.

[18] 丁荣贵.项目利益相关方及其需求的识别[J].项目管理技术,2008(1):73-76.

[19] 董瀛,田文君.职教集团的功能和作用探析[J].北方经贸,2015(11):219.

[20] 弗里曼.战略管理:利益相关者方法[M].王彦华,梁豪,译.上海:上海译文出版社,2006.

[21] 付俊文,赵红.利益相关者理论综述[J].首都经济贸易大学学报,2006(2):16-21.

[22] 顾明远.教育观念的根本转变:思想解放的20年[J].中国教育学刊,1998(6):7-9.

[23] 郭隆珠.经济欠发达地区体育教师工作满意度的现状调查与分析:以鲁西北地区为例[J].西昌学院学报(自然科学版),2008(3):115-118.

[24] 国家教育标准体系研究课题组.国家教育标准体系的发展与完善[J].教育研究,2015,36(12):4-11.

[25] 胡斌武,吴杰.高校校园文化建设研究[J].教育探索,2001(8):90-92.

[26] 黄雪薇.现代学徒制的校企教师互聘互用管理机制研究[J].教育教学论坛,2016(18):12-13.

[27] 贾生华,陈宏辉.利益相关者的界定方法述评[J].外国经济与管理,2002(5):13-18.

[28] 江若尘.企业利益相关者问题的实证研究[J].中国工业经济,2006(10):67-74.

[29] 姜文杰.集群制造企业对外部利益相关者的利益要求研究:基于浙江省长兴县的实证[J].浙江树人大学学报,2007(4):28-31;35.

[30] 鞠庭英.我国高校贫困生资助体系问题及对策研究[J].理论与改革,2006(4):111-113.

[31] 黎明.少数民族文化遗产的现代传承与法律保护[D].兰州:兰州大学,2007.

[32] 黎毅.利益相关者视角下企业绩效评价体系研究:以矿产资源型企业为

例[D]. 南昌:江西财经大学,2011.

[33] 李春玲. 当代中国社会的声望分层:职业声望与社会经济地位指数测量[J]. 社会学研究,2005(2):74-102;244.

[34] 李春田. 复杂产品系统的标准化模式研究[J]. 信息技术与标准化,2015(4):46-50;55.

[35] 李春田. 企业标准体系结构改革创新之思考[J]. 信息技术与标准化,2015(5):12-16;31.

[36] 李金兵,韩玉启. 企业利益相关者理论研究现状与前瞻[J]. 技术经济与管理研究,2009(3):57-59.

[37] 李磊,李敏,肖国明,等. 山西高等教育教学服务质量实证研究[J]. 合作经济与科技,2011(6):112-113.

[38] 李曙生,张亚萍,徐向上. 高职院校社会服务能力提升途径探析[J]. 泰州职业技术学院学报,2018,18(2):1-4.

[39] 李维安,王世权. 利益相关者治理理论研究脉络及其进展探析[J]. 外国经济与管理,2007(4):10-17.

[40] 李永健,李梦玲,黄东显. "人民满意"的高职教育办学质量评价体系诠释与构建[J]. 中国职业技术教育,2018(13):77-83.

[41] 李友清. 创建特色学院打造高职品牌:以湖北职业技术学院为例[J]. 高等教育研究,2006(10):63-66.

[42] 林卉. 我国高校学生满意度指数测评研究[J]. 科技创业月刊,2007(1):124-126.

[43] 凌志杰,刘炳震,宁永红. 我国职教集团建设发展情况研究报告[J]. 职业技术教育,2014,35(31):46-50.

[44] 任海云. 利益相关者理论研究现状综述[J]. 商业研究,2007(2):30-32.

[45] 吕臣,孟华,刘肖梅. 对利益相关者理论的再认识[J]. 新会计,2009(1):25-27;31.

[46] 马宝成,何万丽. 我国高职院校办学定位研究综述[J]. 教育与职业,2017(15):28-34.

[47] 倪光辉. 习近平就加快发展职业教育作出重要指示[N]. 人民日报,2014-06-24(1).

[48] 青木昌彦,安藤晴彦. 模块时代:新产业结构的本质[M]. 周国荣,译. 上海:上海远东出版社,2003.

[49] 石悦. 学业能力与就业能力:医事法学专业本科生的培养目标[J]. 中国

高等医学教育,2010(10):20-22.

[50] 宋殿娇,王延辉.高校管理育人中日常生活的介入方式研究[J].沈阳工程学院学报(社会科学版),2018,14(3):418-421;432.

[51] 孙晓.利益相关者理论综述[J].经济研究导刊,2009(2):10-11.

[52] 唐贵英.职业院校产教融合机制研究[J].山东工业技术,2019(16):245.

[53] 王超辉,冯彩芸.高等职业院校教育产出现状研究:以广州市属高职院校为例[J].广州职业教育论坛,2015,14(1):27-31.

[54] 王丹中.回归与创新:高职院校内涵式发展路径选择[J].高等教育研究,2014,35(6):76-79.

[55] 王宏启,于钧,戚文革.浅谈构建职业技能培养标准体系的重要意义[J].教育与职业,2005(36):106-107.

[56] 王唤明,江若尘.利益相关者理论综述研究[J].经济问题探索,2007(4):11-14.

[57] 王季云,姜雨璐.旅游业标准体系的思考与重构[J].旅游学刊,2013,28(11):67-74.

[58] 王永林,王战军.高等职业教育评估的价值取向研究:基于评估方案的文本分析[J].教育研究,2014,35(2):104-111.

[59] 王志昌.高职教育办学定位与办学特色探析[J].教育教学论坛,2017(24):249-250.

[60] 魏文斌.高等院校与社区教育协同发展研究[J].中国成人教育,2018(19):123-125.

[61] 吴冰.高职院校办学主体差异对校企合作的影响:基于新制度经济学的视角[J].中国职业技术教育,2016(30):66-71;85.

[62] 吴玲.中国企业利益相关者管理策略实证研究[D].成都:四川大学,2006.

[63] 吴潇.我国高职院校标准体系构建与运用研究[D].青岛:中国海洋大学,2010.

[64] 徐国庆.美国职业教育标准体系的构建及启示[J].比较教育研究,2012,34(6):58-61;71.

[65] 薛慧丽,邵孟良,饶足辉."PTS"导向的教师职业能力培养研究:以广州南洋理工职业学院为例[J].潍坊工程职业学院学报,2015,28(6):20-22;27.

[66] 严雪怡.从国际教育标准分类谈我国高职教育发展[J].职教通讯,1997

(10):8-10.

[67] 杨建新.高职院校的内涵建设及其推进策略[J].教育研究,2016,37(3):79-83.

[68] 张博.浅析高校商科专业生产性实训培养模式的构建与管理[J].中国管理信息化,2018,21(22):202-203.

[69] 张丹平,王洪飞.高校后勤服务育人工作存在的问题及对策[J].沈阳航空航天大学学报,2011,28(6):26-28.

[70] 张烁,姚雪青.让教育托起明天的希望[N].人民日报,2019-03-12(8).

[71] 赵恒志,余国江.职业教育教学质量监控与保障机制研究[J].长春师范大学学报,2019,38(5):147-151.

[72] 中国教科院教育质量标准研究课题组.教育质量国家标准及其制定[J].教育研究,2013,34(6):4-16.

[73] 周泓.专业对接产业 校企深度合作培养高技能人才[J].中国经贸导刊,2013(10):50-52.

[74] 周辉.大学生培养中思政教育与双创教育问题研究[J].科教文汇(下旬刊),2018(11):1-3.

[75] 庄玉梅.基于企业成长视角的核心利益相关者界定[J].山东社会科学,2010(10):96-98.

[76] 中国共产党第十九次全国代表大会文件汇编[M].北京:人民出版社,2017.

[77] BALDWIN C Y, CLARK K B. Managing in an age of modularity[J]. Harvard business review, 1997,75(5):84-93.

[78] CARROL A B. Reflections on stakeholder theory[J]. Business and society, 1997,33(1).

[79] CLARKSON M E. A stakeholder framework for analyzing and evaluating corporate social review[J]. Academy of management review, 1995,20(1):92-118.

[80] DONALDSON T, DUNFEE T W. Integrative social contracts theory[J]. Economics & philosophy, 1995, 11(1):85-112.

[81] FREEMAN R E, REED D L. Stockholder and stakeholder: a new perspective on corporate governance[J]. California management review, 1983,25(3):88-106.

附　录

一、学生满意度调查问卷

编号	维度	观测指标	5	4	3	2	1	
Y1	预期	上大学前你觉得我国的高等职业教育总体情况怎么样？	很好	好	一般	差	很差	
Y2		上大学前你觉得你上的这所学校怎么样？	很好	好	一般	差	很差	
Y3		上大学前你觉得现在所学的专业适合你吗？	很适合	适合	一般	不适合	很不适合	
1	校园文化	学校的校风怎么样？	很好	好	一般	差	很差	
2		学校促进学生德智体美全面发展的目标实现得怎么样？	很好	好	一般	差	很差	
3		在学校里你感兴趣的社团活动多吗？	很多	多	一般	少	很少	
4		“以学生为中心”的办学理念在你们学校落实得怎么样？	很好	好	一般	差	很差	
5		学校能为学生发挥个人特长创造条件吗？	能		不清楚		不能	
6		学校思政课程（马列、邓论等课程）感觉如何？	很好	好	一般	差	很差	
7		学校鼓励并引导学生积极向组织递交入党申请书吗？	鼓励		不清楚		不鼓励	
8	教学资源	学校培养学生专业技术技能的效果好吗？	很好	好	一般	差	很差	
9		学校教育信息化手段在课程教学中的应用效果好吗？	很好	好	一般	差	很差	
10		学校既能讲授理论知识又能讲授实操课的老师多吗？	很多	多	一般	少	很少	
11		来自行业企业的老师教学水平高吗？	很高	高	一般	低	很低	
12		学校的学习场所（图书馆、教室等）能满足你的学习需要吗？	很好	好	一般	差	很差	
13		学校的运动场地和体育设施能满足你的活动需求吗？	很好	好	一般	差	很差	
14		校内实训基地的设施设备能满足教学需要吗？	很好	好	一般	差	很差	
15		学校与行业企业在人才培养方面的合作多吗？	很多	多	一般	少	很少	
16		学校为学生提供开阔国际视野的机会充足吗？	很多	多	一般	少	很少	
17		学校为学生获取职业证书提供的帮助大吗？	很大	大	一般	小	很小	
18	学业成效	学生参加企业技改、工艺创新等活动的机会多吗？	很多	多	一般	少	很少	
19		你在顶岗实习中的收获大吗？	很大	大	一般	小	很小	
20		学校组织学生参加职业技能比赛的机会多吗？	很多	多	一般	少	很少	

续表

编号	维度	观测指标	5	4	3	2	1	
21	管理水平	学校里老师和同学们的关系融洽吗?	很好	好	一般	差	很差	
22		学校食堂饭菜的性价比怎么样?	很好	好	一般	差	很差	
23		学校宿舍管理工作做得好吗?	很好	好	一般	差	很差	
24		学校管理部门(如教务处等)的办事效率怎么样?	很好	好	一般	差	很差	
25		学生向学校反映意见和建议能得到及时反馈吗?	很及时	及时	一般	不及时	不反馈	
26		学校的心理咨询工作做得好吗?	很好	好	一般	差	很差	
27		你对毕业后继续升学的机会和渠道了解吗?	非常了解	了解	一般	不太了解	不了解	
28		学校的周边环境安全性怎么样?	很好	好	一般	差	很差	
29		学生能通过公开渠道顺畅地了解学校中的重大事项吗?	能		不清楚		不能	
30	创业发展	学校开展的就业指导对学生的帮助大吗?	很大	大	一般	小	很小	
31		学校为鼓励学生的创业提供的有效支持多吗?	很多	多	一般	少	很少	
32		你所学专业的就业前景好吗?	很好	好	一般	差	很差	
33	资助体系	家庭经济困难学生能够得到有效资助吗?	能		不清楚		不能	
34		学校奖学金的评定标准合理吗?	很合理	合理	一般	不合理	很不合理	
35		学校课程考核中老师给学生评分公平吗?	很公平	公平	一般	不公平	很不公平	
Z1	总体满意	总的来看,你对学校满意吗?	很满意	满意	一般	不满意	很不满意	
Z2		你对在大学里获得的成长感到满意吗?	很满意	满意	一般	不满意	很不满意	
	基本情况	你的性别	男	女				
		你的年级	一年级	二年级	三年级	其他		
		你家庭居住地	城区	县城	乡镇	村		
		父亲学历	研究生	本科	大专	高中	初中及以下	
		母亲学历	研究生	本科	大专	高中	初中及以下	
		您是否是学生干部	校学生干部	院学生干部	班级学生干部	非干部		
		家庭年收入	20 万以上	15 万~20 万	10 万~15 万	5 万~10 万	3 万~5 万	1 万及以下

二、教师满意度调查问卷

编号	观测指标	1	2	3	4	5
1	所在学校					
2	性别	男	女			
3	教龄 *	1～5 年	6～12 年	13～20 年	20 年以上	
4	职称	助教	讲师	副教授	教授	
5	学历	大专	本科	硕士研究生	博士研究生	
6	对自己目前经济收入满意程度 *	很不满意	不满意	一般	满意	非常满意
7	对自己的付出与回报比例 *	很不满意	不满意	一般	满意	非常满意
8	职称评定公正、公开、规范 *	很不满意	不满意	一般	满意	非常满意
9	岗位聘用合理、规范 *	很不满意	不满意	一般	满意	非常满意
10	学校教学设施的配置与专业教学要求的匹配度 *	很不满意	不满意	一般	满意	非常满意
11	对学校同事的人际关系 *	很不满意	不满意	一般	满意	非常满意
12	能从科研及社会服务中获得的满意度 *	很不满意	不满意	一般	满意	非常满意
13	能从职称及岗位晋升获得的满意度 *	很不满意	不满意	一般	满意	非常满意
14	能从教学及内涵建设成果获得的满意度 *	很不满意	不满意	一般	满意	非常满意

续表

编号	观测指标	1	2	3	4	5
15	对学校评奖评优的透明度和公平性 *	很不满意	不满意	一般	满意	非常满意
16	学校淘汰机制合理且公正 *	很不满意	不满意	一般	满意	非常满意
17	对学校加强师德师风建设情况 *	很不满意	不满意	一般	满意	非常满意
18	对学校提升教师能力素质的规划 *	很不满意	不满意	一般	满意	非常满意
19	对学校高层次人才引进的机制及效果 *	很不满意	不满意	一般	满意	非常满意
20	学校省级以上专业建设项目对你本人提高教学质量的指导机制的满意度 *	很不满意	不满意	一般	满意	非常满意
21	对学校信息化教学资源建设及实际运用于教学的程度和效果 *	很不满意	不满意	一般	满意	非常满意
22	所在院校是否拥有省级教学团队 *	有	无			
23	对学校教学和科研团队的培育机制 *	很不满意	不满意	一般	满意	非常满意
24	对学校省级教学成果奖培育工作满意度 *	很不满意	不满意	一般	满意	非常满意
25	学校现有校企合作模式的满意度 *	很不满意	不满意	一般	满意	非常满意

续表

编号	观测指标	1	2	3	4	5
26	学校产学研建设激励保障机制的满意度 *	很不满意	不满意	一般	满意	非常满意
27	所在院校是否拥有教学、科研等创新基地 *	有	无			
28	省级人才培养研究基地建设对您本人教学、科研影响效果的满意度	很不满意	不满意	一般	满意	非常满意
29	学校有无公开发行的学术刊物 *	有	无			
30	学校学报对教师科研影响效果的满意度 *	很不满意	不满意	一般	满意	非常满意
31	学校对科研工作的激励机制满意度 *	很不满意	不满意	一般	满意	非常满意
32	学校对教师论文发表激励、扶持、保障机制的满意度 *	很不满意	不满意	一般	满意	非常满意
33	学校对规划教材出版的激励、扶持、保障机制的满意度 *	很不满意	不满意	一般	满意	非常满意
34	学校对教师访学进修提供的机会 *	很不满意	不满意	一般	满意	非常满意
35	学校对教师培训交流提供的机会 *	很不满意	不满意	一般	满意	非常满意

后 记

《新时代“人民满意”高职教育的理论、评价与实践》一书，是由长江职业学院李永健教授主持，并联合湖北省普通高校人文社会科学重点研究基地-湖北技能型人才培养研究中心、长江职业学院、中南财经政法大学等院校研究机构的专家、学者组成的课题组，承担的湖北省教育科学规划2017年度重大招标课题“湖北省高职教育办学质量评价体系研究”(2017ZDZB12)的主要成果之一。

课题主持人李永健教授，长江职业学院党委书记，湖北省高校党建研究会副会长、湖北省高职高专院校党建研究会会长。

课题组核心成员主要有长江职业学院王宇副教授(博士后)、李梦玲教授、苏龙教授、黄东显教授、李德武副教授、黄静宜副教授、齐求兵副教授等。

自2017年11月课题立项，在课题组30多位成员的共同努力下，历时近两年，取得了系列研究成果，完成了预定的研究任务。其中，研究顶层设计、理论基础及评价体系等阶段性重要成果先后在中文核心期刊《中国职业技术教育》2018年第13期、《德育报》2018年8月16日头版刊登与转载；此外，其他阶段性研究成果先后在2018年8月的中国高等教育学会职业技术教育分会2018年学术年会暨全国高职高专教务处长研讨会和2018年12月的全国高职高专党委书记论坛做主题报告，报告获得参会领导、专家和与会代表的高度肯定。

本书基于上述阶段性成果及本项目研究报告丰富创作而来，高度体现了集体的智慧。本书的基本框架由李永健教授和王宇副教授共同提出，李德武、李梦玲、齐求兵、邓桂兵、黄东显、苏龙等共同参与讨论研究并最终确定。本书主要内容得到了李梦玲、齐求兵、李德武、黄静宜、黄东显、邓桂兵、苏龙、平怡、何志武、曾翔、罗博、苏恩涛、白雯、程瑶、李雯等十一个《湖北省高职教育办学质量评价体系研究》(2017ZDZB12)项目子课题组的负责人及其成员的大力支持，他们对课题研究主要思想、观点和政策建议等内容的形成作出了重要贡献。本书由李永健提出研究框架、理论逻辑和技术路线，王宇主笔，齐求兵、李梦玲、黄东显、李德武等联合执笔，研究背景(导论)部分由李永健、黄静宜、李梦玲、黄东显执笔，基础理论和分析框架(第一章)部分由王宇执笔，第二章由王宇、齐求兵、何志武、曾翔、苏恩涛、李梦玲、文荣堂、李立珍共同执笔，第三章由齐求兵、王宇、文荣堂、李立珍执笔，第四章由王宇、李德武执笔，第五章由李永健、苏龙、齐求兵、王宇、李德武、文荣堂、李立珍执笔，结语部分由李永健、王宇、李梦玲执笔。龚谦、邓桂兵、魏勇、平怡、白雯、程瑶、李雯、文荣堂、李立珍全程参与了研讨、论证以及校对修改工作，邓桂兵、魏勇负责研究所需要的数据采集工作和大数据技术支持，李德武、苏龙、齐求兵、李梦玲、罗博对全书内容审核把关并通改了全部文稿，最后由李永健审改定稿。李德武、黄东显承担了本书编撰的组织协调工作。

我们的研究工作得到了湖北省教育厅、湖北省教育科学研究院和有关处室负责同志的指导、支持和帮助，在此表示衷心的感谢！在编著过程中，我们参考借鉴了大量学者的研究成果和文献资料，在此一并致以诚挚的谢意！由于研究周期较短，课题组成员理论水平有限，书中难免有不足、不妥、不协调之处，望同行专家和读者批评指正。

编　者

2020 年 5 月